# 「ヨーロッパ王室」から見た世界史

内藤博文



青春新書
INTELLIGENCE

プロローグ

# イギリスがEUを離脱した歴史的必然

2020年、イギリスは「ブレグジット」を実行し、EU（ヨーロッパ連合）を正式に離脱した。それを青天の霹靂《へきれき》のように語る人もいるが、ヨーロッパの長い歴史からすれば必然ともいえるだろう。

ヨーロッパの中でも、イギリス、ノルウェー、スウェーデン、デンマークの4カ国は歴史的に異質な国家なのである。いまヨーロッパには10の王家があり、イギリスをはじめとするこの4カ国は、すべて王家を戴いている。この一点だけでも異質なのだが、加えて、この4カ国の王家は、ヴァイキング（ノルマン人）を祖に持っている。彼らの国家をつくり、運営してきたのは、ヴァイキングとその末裔たちなのだ。

これに対して、ドイツ、フランス、イタリアなどEUの主要加盟国は、まったく異なる王家の歴史を有する。彼らの国は、中世の「フランク王国」、さらには「古代ローマ帝国」の歴史の記憶とその継承によってつくられていった。ドイツやフランスは、ヴァイキングの王にはじまるイギリスやデンマークなどとはまったく異なる歴史文化や意識を有しているのだ。

ヴァイキングの系譜にあるイギリス、ノルウェー、スウェーデン、デンマークがいかにＥＵの主要メンバーと異なる意識を持っているかは、その通貨によく表れている。イギリスのみならず、ノルウェー、スウェーデン、デンマークは、ともにユーロの導入を拒否し、独自の通貨を保持しつづけてきている。ユーロを導入しようと思えばいつでも歓迎されるほどの経済力、信用力を保持しているにもかかわらず、だ。

しかも、ノルウェーの場合、ＥＵに加盟さえもしていない。スウェーデンのＥＵ加盟はかなり遅れてのことであり、そもそもイギリス、ノルウェー、スウェーデン、デンマークは、ユーロに、さらにはＥＵにさえも懐疑的だったのだ。だからこそ、イギリスのＥＵ離脱は歴史的な必然ともいえるのだ。

現在、ドイツやフランスではとうの昔に王家は打ち倒され、王家は存在しない。けれども、王家が消滅しようと、王家のあった歴史とその記憶は、現在をも「呪縛」する。古代の「ローマ帝国」や中世の「フランク王国」に起源を求めようとしてきたドイツやフランスには、「ヨーロッパ連合」への憧れがある。それは、「フランク王国」の再現でもある。けれども、「フランク王国」とはなんら関係のない、ヴァイキングによる起源を持つイギリス、ノルウェー、スウェーデン、デンマークには、「ヨーロッパ連合」への執着はさほどないといっていいのだ。

このように、多くの王家が滅びてのちも、王家の歴史と記憶は、ヨーロッパに強い影響を残している。なぜならば、ヨーロッパの王家の歴史は長く、およそ１０００年以上に及ぶからだ。それも、フランスにせよ、ドイツにせよ、王家の誕生とともに彼らの国の歴史がはじまっている。フランスの歴史であれ、ドイツの歴史であれ、直近の１００～２００年間を除いては、王家の歴史なのだ。

そのヨーロッパの王家の歴史とは、戦いと婚姻の歴史である。王たちは領土の拡大欲求に駆られ、戦いに明け暮れ、その一方、身分の高い女性と婚姻を重ね、多くの子孫を残そうとした。

そこから先、多くの政略結婚がなされ、ヨーロッパの王家同士は親戚同然になったのだが、彼らは仲の悪い親戚の典型でもあった。調子がいいときは、お互いが徹底利用しようとする一方、情勢が変わると、たとえ親戚であっても、冷酷に対応する。

もちろん、王家の内部でもいざこざは絶えない。叔父や弟だって、王位を狙って策動を仕掛けてくるから、王位は安泰ではない。

こうしたヨーロッパの王、王族たちのあまりに人間臭い営み、愛欲によって、ヨーロッパの歴史はかたちづくられていった。庶民の歴史参加などたかだか２００年にも及ばない。ヨーロッパをつくったのは王たちの壮大な家族ゲンカの歴史であり、ヨーロッパの歴史、さらに未来を知るためにも、王家の歴史を知っておいて損はないのだ。

内藤博文

# 「ヨーロッパ王室」から見た世界史

目次

プロローグ　イギリスがEUを離脱した歴史的必然　3

1章

# 「ローマ帝国」解体で誕生したヨーロッパ王家

## 現在の王家につながる2つの系統

きっかけはローマ帝国の解体とヴァイキングの跳梁　20
「フランク」はフランス、「ローマ」はドイツが継承　23
ドイツに「神聖ローマ帝国」を打ち立てたオットー1世　25
フランスではカペー家がカロリング家から王位を簒奪　28
世界で2番目に古い「デンマーク王家」の出自は？　31
イングランドをも吸収した、ノルマン人の「北海帝国」　33
ロシアの源流ともなっていたノルマン人たち　35
ノルマン人によるシチリア、ナポリ支配はなぜ歴史的に重要か？　37
ノルマン人たちの建国の仕上げ「ノルマン・コンクエスト」　38

2章
# イングランド王家とフランス王家、歴史を動かした宿命の対決
## ノルマン・コンクェストにはじまる王家動乱の幕開け

イングランド王ヘンリ2世の「アンジュー帝国」こそ英仏対立の原点　44
「獅子心王」リチャード1世をぐらつかせていたフランス王フィリップ2世　47
フィリップ2世の領土拡大で、フランス王はようやく「フランス王」らしくなる　50
カノッサの屈辱では終わらなかった神聖ローマ帝国皇帝vsローマ教皇　52
「バルバロッサ」フリードリヒ1世の夢見たイタリア支配　54
ローマ教皇を蹴散らした神聖ローマ皇帝フリードリヒ2世の「大帝国」　56
フリードリヒ2世の栄光が招いたドイツの「大空位時代」　59
なぜフランス・カペー王家はシチリア支配をはじめたのか？　60
「シチリアの晩祷事件」が招いたスペイン王家のシチリア島支配　62
フィリップ4世vsエドワード1世の「野心家対決」　65

フランス王の娘に牛耳られたイングランド王家　69

## 3章
## 英仏百年戦争の勝負を分けたブルゴーニュ公
### 神聖ローマ皇帝の弱体化と台頭する新興王家

なぜエドワード3世は百年戦争をはじめたのか?　74
ランカスター朝の祖となったヘンリ4世　77
フランス王になりそこねたイングランド王ヘンリ5世　79
百年戦争の帰趨を決めたのはブルゴーニュ公国の君主だった?　81
フランス王シャルル7世がイングランドに勝利できた秘密　83
◎コラム◎ヨーロッパでは庶子には王位の相続権はなかった　85
ランカスター家とヨーク家の争いの果てに誕生したチューダー朝　86
ボヘミアでのフス戦争で権威を低下させていた神聖ローマ皇帝　90
スイス農民に屈しつつも、ドイツ王の座を手にしたハプスブルク家　93

リトアニア＝ポーランド連合王国の巨大化　96
ナポリを奪ったアラゴン王アルフォンソ5世の野望　98

## 4章 ハプスブルク家とブルボン家が滅ぼしたイタリア・ルネサンス

### 王家の婚姻戦略が一変させたヨーロッパの勢力地図

ブルゴーニュ公の娘との結婚で浮上したハプスブルク家　104
アラゴン王家とカスティーリャ王家の結婚で生まれたスペイン　107
フランス王シャルル8世のイタリア侵攻が招いたもの　108
なぜハプスブルク家とスペイン王家が結びついたのか？　110
チューダー朝イングランドのヘンリ7世も手掛けていた婚姻外交　112
皇帝選挙によって即位したカール1世の巨大な帝国　114
ハプスブルク家vsヴァロワ家の争いがルネサンスを終わらせた　116
フランソワ1世の暗躍にしてやられた神聖ローマ皇帝カール5世　121

イングランド乗っ取りに失敗したスペイン王フェリペ2世　122
カトリック世界の盟主に挑んだエリザベス1世　126
滅亡したビザンツ帝国皇帝を継承したロシアのイヴァン3世　130

5章

## 宗教戦争を勝ち抜き、覇者となったフランス・ブルボン王家

### カトリック vs プロテスタントの宗教対立と三十年戦争

離婚問題でカトリックから離脱したイングランド王ヘンリ8世　136
ユグノー戦争下、フランスではヴァロワ朝が断絶　138
宗教対立を収拾していったアンリ4世の実力　142
ルイ13世時代の躍進の舵取り役となったリシュリュー枢機卿　144
デンマーク王の侵攻ではじまった三十年戦争第1ラウンド　146
新興のスウェーデン王が戦死した三十年戦争第2ラウンド　148

フランス・ブルボン王家の勝利と神聖ローマ帝国の解体　150
宗教対立の内戦で処刑されたイングランド王チャールズ1世　155
スチュアート王家はなぜ復権できたのか？　159
オランダ総督によるイングランド王位簒奪でもあった「名誉革命」　160
スペインからハプスブルク家が消え、ブルボン王家が誕生　164

## 6章
## 新興の皇帝、王たちの新たな戦いが、ドイツ、ロシアの礎をつくった
### 軍事的天才君主たちが果たしたヨーロッパ版下剋上

「巨人の対決」スウェーデン王カール12世vsロシア皇帝ピョートル1世　170
「焦土戦術」でついに宿敵を破ったピョートル大帝　172
オーストリアで下剋上をはじめたプロイセンのフリードリヒ2世　175
ブルボン家との結託で逆襲に出たマリア・テレジア　177
フリードリヒ2世と結んでポーランドを分割した女帝エカチェリーナ2世　180

なぜフランス革命下、国王ルイ16世は処刑されたのか？ 182
ナポレオンの「皇帝」戴冠は何を意味するのか？ 186
ナポレオンの配下ベルナドット将軍がスウェーデン王になった理由 191
ロシア皇帝アレクサンドル1世の策にはまったナポレオンの没落 193
武人国王による下剋上の時代、大きな繁栄を遂げたイングランド 195

7章
民衆に求められる王家、排除される王家
国民国家の誕生と皇帝家・王家の黄昏

二月革命でフランス王の座を追われたシャルル10世 202
イギリスの思惑で生まれたベルギー王家 204
「新たなナポレオン」の登場が待ち望まれていたフランス 207
19世紀後半、ヨーロッパ各国では統一の中心に「王」がいた 209

イタリア統一のためにナポレオン3世と組んだエマヌエーレ2世　212
皇帝ナポレオン3世去りて、新たにドイツ皇帝現る　214
受難つづきだったオーストリア・ハプスブルク家の皇帝　219
皇帝暗殺に魅了されはじめたロシア　222
ヴィクトリア女王の栄光とドイツ皇帝の挑戦　224

エピローグ

## 2つの世界大戦によって、ヨーロッパから皇帝、王が消えていった

第1次世界大戦によって消えた3人の皇帝たち　226
皇帝なき後、なぜ「恐怖の独裁者たち」の時代となったのか?　229
現在に残るヨーロッパ10王家の系譜とこれから　231

本文DTP・図版作成／クリエイティブ・コンセプト
カバー写真／アフロ

# 1章

# 「ローマ帝国」解体で誕生したヨーロッパ王家

## 現在の王家につながる２つの系統

## 2　ヴァイキング（ノルマン人）の末裔

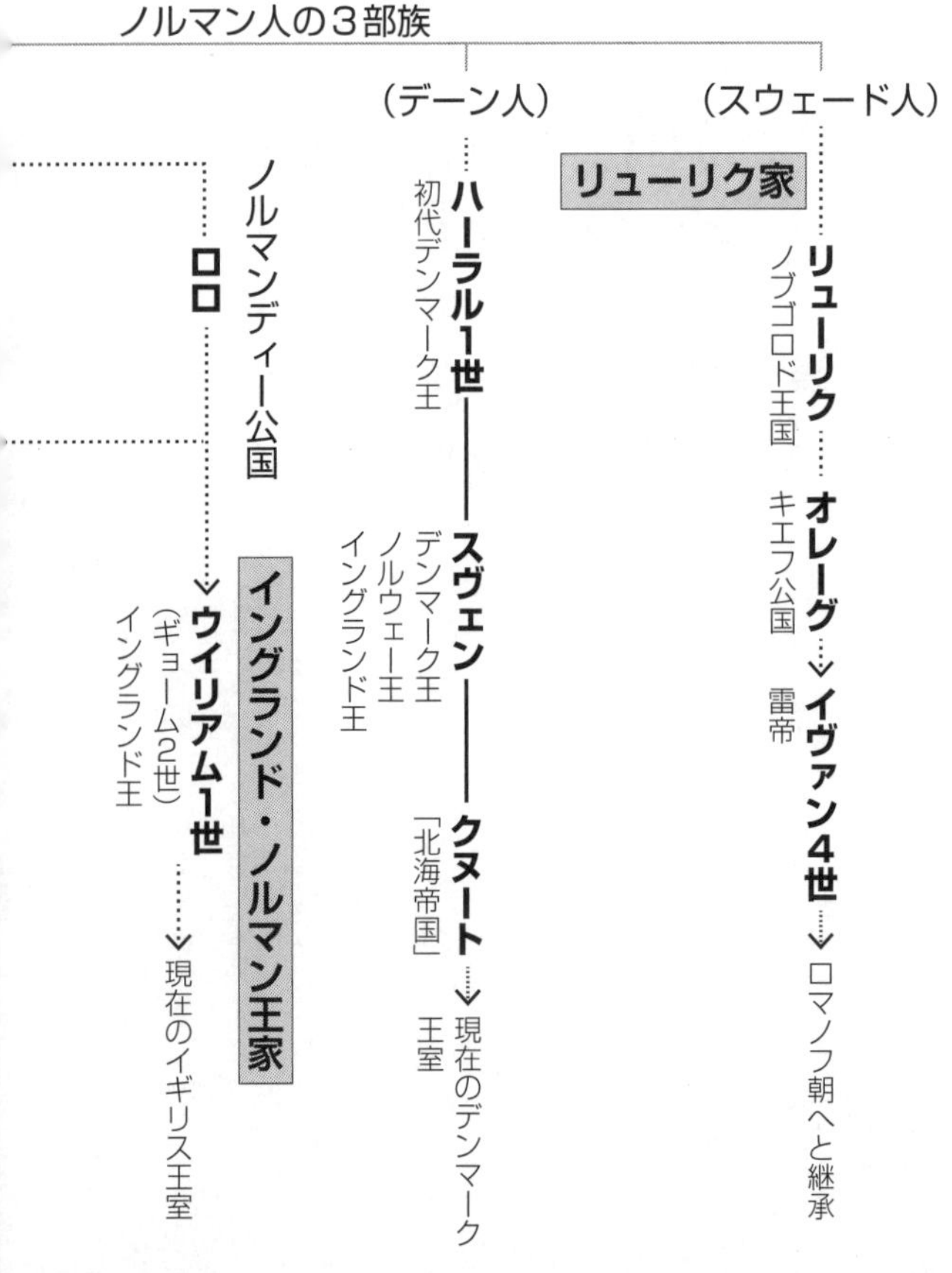
ノルマン人の3部族
（デーン人）
（スウェード人）
ノルマンディー公国
ロロ
ウイリアム1世
（ギョーム2世）
イングランド王
イングランド・ノルマン王家
現在のイギリス王室
ハーラル1世
初代デンマーク王
スヴェン
デンマーク王
ノルウェー王
イングランド王
クヌート
「北海帝国」
現在のデンマーク王室
リューリク家
リューリク
ノブゴロド王国
オレーグ
キエフ公国
イヴァン4世
雷帝
ロマノフ朝へと継承

## ヨーロッパ王家の２大系統

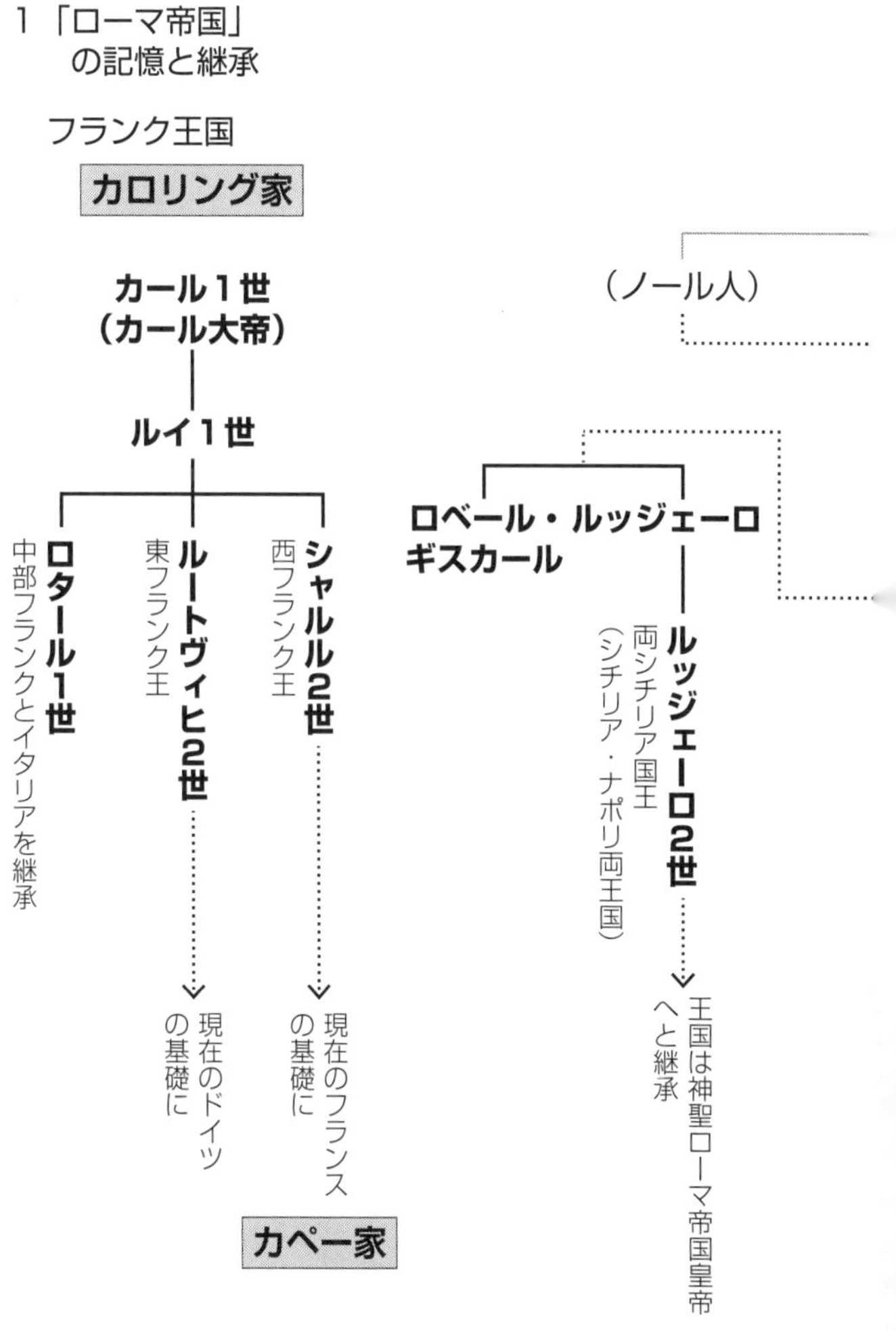
1「ローマ帝国」の記憶と継承
フランク王国
カロリング家
カール1世
（カール大帝）
ルイ1世
ロタール1世
中部フランクとイタリアを継承
ルートヴィヒ2世
東フランク王
現在のドイツの基礎に
シャルル2世
西フランク王
現在のフランスの基礎に
カペー家
（ノール人）
ロベール・ルッジェーロ
ギスカール
ルッジェーロ2世
両シチリア国王
（シチリア・ナポリ両王国）
王国は神聖ローマ帝国皇帝へと継承

## きっかけはローマ帝国の解体とヴァイキングの跳梁

ヨーロッパの王家には、2つの大きな系統がある。「ローマ帝国」の記憶を継承する王家か、あるいはヴァイキング（ノルマン人）たちの王家の末裔かだ。

ここでいう「ローマ帝国」とは、おもにカロリング朝・カール1世（大帝）による「フランク王国」のことだ。ここで、古代ローマ帝国からカール大帝の「ローマ帝国」再建までをかいつまむと、以下のようになる。

古代ローマ帝国は全盛時、地中海全域からガリア（いまのフランス）を支配し、イギリス本島の中南部も支配下に組み込んでいた。ただ、ローマ帝国は巨大であったがゆえに、東西に分裂する。ローマを中心とする西ローマ帝国、コンスタンティノープル（現在のイスタンブール）を都とする東ローマ帝国に分かれ、ゲルマン人たちの攻撃にさらされた西ローマ帝国は476年に消滅してしまっている。一方、東ローマ帝国は15世紀まで残った。

西ローマ帝国消滅ののち、300年近く、西ヨーロッパではゲルマン人の王国の角逐《かくちく》があった。その中で台頭したのがフランク王国であり、アレマン人、ブルグンド人、西ゴー

**カール大帝の大帝国（800年頃）**

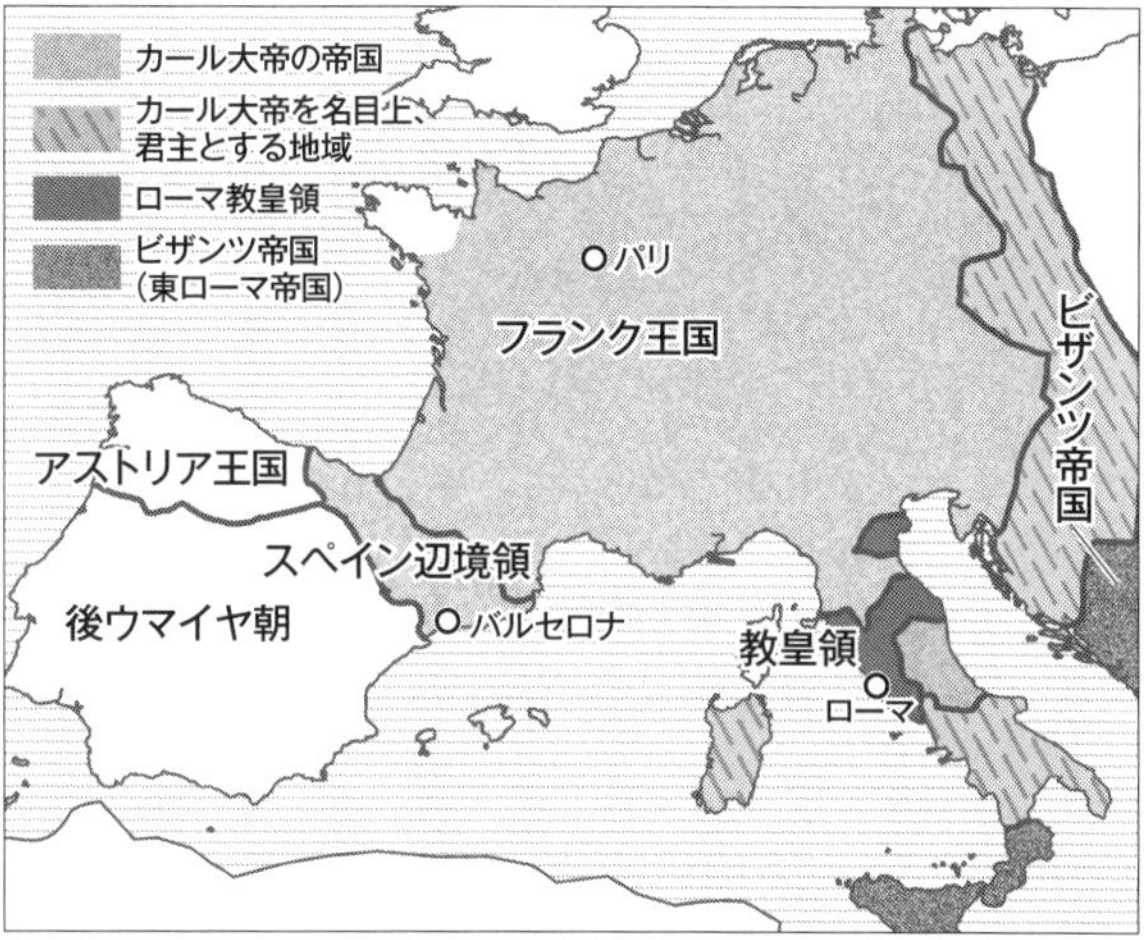


ト人らゲルマン諸族を破り、ガリア全体を支配下に置く。フランク王国は、イベリア半島を征圧したイスラム勢力の侵攻も撥《は》ね除け、ヨーロッパのイスラム化を阻止もしている。

フランク王国の全盛期を築くのは、768年に即位したカール大帝である。カール大帝は、ローマ教皇レオ3世の要請に応じて、イタリア半島に遠征、ランゴバルド王国を滅ぼした。さらに東方に侵攻、ザクセン人を攻めたて、バイエルン公国を併呑、ドナウ川中流域まで進出した。

800年、カール大帝はローマ教皇レオ3世から戴冠され、「ローマ皇帝」となる。この瞬間、ヨーロッパの皇帝、王とキリスト教が結びついた。ヨーロッパ世界にあって王にはもともとさしたる権威はない。一時的に軍事力にすぐれた者が王を名乗るだけで、そこから先、王一族に永続性が保証されているわけではない。西ローマ帝国崩壊によって生まれたゲルマンの国家群には、権威、正統性があるわけもなく、生まれてはすぐに滅びた。けれども、ゲルマン人たちの間でも、国家の永続性、安定を模索しはじめると、王に権威が必要となる。その権威を与えるのが、ローマ教皇となったのだ。

皇帝や王たちは、ローマ教皇に認められることで、初めて聖性を帯びる。それは、ローマ教皇によるトリックともいえるが、これを当時のヨーロッパの住人は素朴に信じ込んだ。具体的には教皇や大司教らから、王となる者は聖なる油を注がれる。この聖なる油を浴びることによって、王は聖なる存在になり、その聖性によって崇《あが》められる。その聖性を大切にしたいなら、王は熱心なキリスト教徒となり、臣下たちにもそれを求めるようになる。こうして、王とキリスト教は結びつき、補完しあう関係となったのだ。

カール大帝の戴冠は当時、さほど大きな事件ではなかったともいわれるが、後世、大きな意味を持つようになった。この戴冠によって、カール1世の「フランク王国」は「復活した西ローマ帝国」となり、「ローマ帝国」の後継者として語られるようになったのだ。

カール1世の「ローマ帝国」は、彼の死後、解体に向かうが、そこからヨーロッパの諸国家が誕生をはじめている。新たな国家には、カール1世の「ローマ帝国」の記憶が残り、フランスにしろドイツにしろ、カール1世の復活「ローマ帝国」を出発点としているのだ。カール大帝の「ローマ帝国」の系譜に絡んでくるのは、ほかにオーストリア、スペインなどだ。また、東ローマ帝国の継承国としては、ロシアがある。

一方、ヴァイキングたちはスカンディナヴィア半島の住人であり、ヨーロッパ各地を襲撃し、ヨーロッパを震え上がらせた。彼らはその土地、土地で略奪をほしいままにしたのみならず、時代を経ると、その地に土着化し、王国さえも築いた。ヴァイキングの末裔となっているのは、イギリス、北欧諸国、ロシア、かつてのシチリア王国などがある。

もちろん、ほかにも別系統の王家は多々あるが、カール大帝のローマ帝国の解体とヴァイキングの跳梁《ちょうりょう》した時代は重なる。ともに9世紀から11世紀にかけての事件であり、この時代にヨーロッパの王家がかたちづくられていったのだ。

## 「フランク」はフランス、「ローマ」はドイツが継承

カール大帝(1世)にはじまる「ローマ帝国(実体はフランク王国)」の維持は、困難であっ

た。カール大帝の能力あればこその統一帝国であり、カール大帝の死後、カロリング王家（カールの王家という意味）による「ローマ帝国」は分裂する。カロリング王家では内紛が絶えず、８４３年のヴェルダン条約では、カール大帝の孫たちによって「帝国」は3分割される。

ロタール1世が中部フランクとイタリアを継承、ルートヴィヒ（ルイ）2世が東フランク王となり、シャルル2世は西フランク王となった。東フランクは現在のドイツ、西フランクは現在のフランスの基礎となる。「ローマ帝国」の分裂によって、ドイツ、フランス、イタリアが形成されていくことになる。

ここで注目したいのは、西フランク王「シャルル2世」の名だ。フランスでは19世紀に登場した「シャルル10世」まで、「シャルル」の名のつく王が次々と登場した。では、シャルル2世以前、「シャルル1世」は誰であったかというと、ほかならぬカール大帝である。カール大帝（1世）は、フランスでは「シャルルマーニュ」と呼ばれ、彼こそがフランスの「シャルル1世」である。この一点でフランスは、カール大帝の「ローマ帝国」の継承者といえるのだ。

ただ、フランスが継承してきた国名は「ローマ」ではなく、「フランク」のほうであった。「西フランク」がやがて、ただの「フランス」となり、「フランス」となっていく。一方、ドイツはというと、後述するように、「フランク」ではなく「ローマ」の名を継承するようになる。

## ドイツに「神聖ローマ帝国」を打ち立てたオットー1世

カール大帝の「ローマ帝国」から3つに分かれたカロリング王家の中で、もっとも早くにまとまったのはドイツである。ドイツでは、911年に「幼童王」ルートヴィヒ4世が没してのち、カロリング王家が絶える。それでもなお、ドイツではカロリング王家とは無関係に新たな国王が擁立されていったのだ。

ドイツでの国王擁立は、諸侯（部族大公）による選出である。ドイツは、ローマ帝国に支配を受けなかった地帯であり、部族社会が色濃く残った。部族のボスたちはやがて封建諸侯と化し、互いに勢力争いを繰り返し、彼らの中からドイツ王を選ぶようになった。

ドイツにおける国王選出競争の中で、しだいに存在感を大にしたのが、ザクセン大公である。919年にザクセン家のハインリヒ1世が国王に即位、統治の礎《いしずえ》を築く。ハインリヒ1世が没してのち、新たに国王に即位したのは、彼の子オットー1世である。

当時、ドイツはアジア系のマジャール人の襲撃に苦戦をつづけていたが、オットー1世はレヒフェルトの戦いでマジャール人に勝利する。オットー1世はさらにスラブ人も攻撃し、その武名を高めた。

アルプス以北で最強の王となったオットー1世を頼ったのは、ローマ教皇ヨハネス12世である。ヨハネス12世の時代、教皇の地位はいまから信じられないくらい危うかった。イタリアの貴族たちの好き勝手によって、教皇が次々と擁立されては、廃位されてもいた。暗殺されたローマ教皇さえもいた。怯えきったヨハネス12世は、オットー1世の軍事力を頼った。かつてローマ教皇レオ3世が、カール大帝を頼ったのをなぞったようにだ。

ローマ教皇がドイツ王を頼ったのは、当時、ドイツ王くらいしかアテになる王がいなかったからだ。フランスでは、国王の力が弱く、用心棒としてアテにならなかったのだ。

962年、イタリアを平定したオットー1世は、教皇ヨハネス12世によってローマ皇帝の冠を授けられる。これにより、今度はドイツに「ローマ帝国」が蘇り、ドイツ王は「ローマ皇帝」の地位を手にするようになる。これが、「神聖ローマ帝国」の実質的なはじまりだ。以後、ドイツ国内でドイツ王に選出された者は、「ローマ王」を名乗るようになる。ローマ王（ドイツ王）はイタリアに南下、ローマ教皇に戴冠されることで神聖ローマ皇帝となる図式が生まれた。

それは、ドイツ王にイタリアへの野心を持たせる戴冠でもあった。「神聖ローマ皇帝」を名乗るかぎり、彼は教皇の守護者であり、イタリアの王でなくてはならない。それは歴代ドイツ王にイタリア支配の野心をもたげさせつづけ、その野心によって、教皇の守護者であるはずの神聖ローマ皇帝（ドイツ王）と教皇が対立する事件も起きる。

結局のところ、神聖ローマ皇帝はイタリアを手中にはできなかった。一つには、当時のイタリア半島がマラリアの猖獗《しょうけつ》地であったからだ。神聖ローマ皇帝と彼の軍団は、イタリア遠征のたびにマラリア禍に悩み、最終的にはすごすごと撤退している。

また、「神聖ローマ帝国」の名についてだが、オットー1世の時代に、その名はない。当初は、「尊厳なる皇帝の統治する帝国」を名乗っていたが、12世紀半ばに「神聖帝国」の名が生まれる。そして、13世紀後半に「神聖ローマ帝国」の名が登場する。

神聖ローマ皇帝の座は、世襲でもあれば、世襲でないときもある。ドイツの封建諸侯の力関係によって王が擁立されるあり方は、長く変わらなかったからだ。

## フランスではカペー家がカロリング家から王位を簒奪

ドイツ、フランス、イタリアに分かれたカロリング王家の中で、もっとも長く残ったのはフランスのカロリング家である。カロリング家は987年まで存続したのち、断絶する。新興のカペー家に王位を乗っ取られてしまったのだ。

西フランク王国、つまりフランスで王位簒奪《さんだつ》が起きたのは、カロリング家の西フランク国王たちが、からきし弱く、頼りなかったせいだ。9世紀、西フランク王国が直面していたのは、ヴァイキング（ノルマン人）の侵攻である。ノルマン人たちの船は川を遡ることができ、セーヌ川を遡り、西フランクの都パリにも押し寄せた。

885年、ヴァイキング一派によって、パリは包囲される。この危機にあって、西フランクのカロリング家は無力であり、代わってノルマン人に立ち向かったのが、ロワール川河口のアンジュー伯であったロベールであった。ロベールはのちにノルマン人との戦いで戦死するが、以後、ロベールの一族の声望《せいぼう》は高まり、カロリング王家の威信は低落する。カロリング家の混乱もあって、フランスの諸侯たちはロベールの息子ウードを西フランク国王に担ぎ上げた。

　ウードの死後、カロリング家が西フランク国王に返り咲くが、ロベールの系統であるカペー家も王位簒奪に野心的になる。９８７年、西フランク国王であったカロリング家のルイ5世が落馬事故で没したときだ。新たな王位を狙ったのは、カロリング家のロレーヌ大公シャルルとパリ伯ユーグ・カペーであった。シャルルは没した国王ルイ5世の叔父、ユーグ・カペーはロベールの曽孫に当たる。

　両者の争いは、フランス北東部のランス大司教アダルベロンの意向によって決まる。彼は、王位は血統よりも武勇や知恵で選ばれるべきだと演説し、諸侯はユーグ・カペーを推したのだ。これにより、ユーグ・カペーがフランス国王となり、フランスにおけるカペー朝が始動することになった。一方、シャルルはユーグ・カペー打倒に動くが、敗北し、ここにフランスのカロリング家は完全に途絶えてしまっている。ちなみに、ランスはフランスの歴代王の戴冠の地となっている。15世紀、百年戦争下、ジャンヌ＝ダルクが目指したのは、シャルル7世のランスにおける戴冠だ。

　カペー家の「カペー」とは、あだ名が元になっている。「カペー」とは、俗人修道院長が羽織った短い外套《がいとう》のことであり、そのあだ名が家名となったのだ。

## カペー家の成立

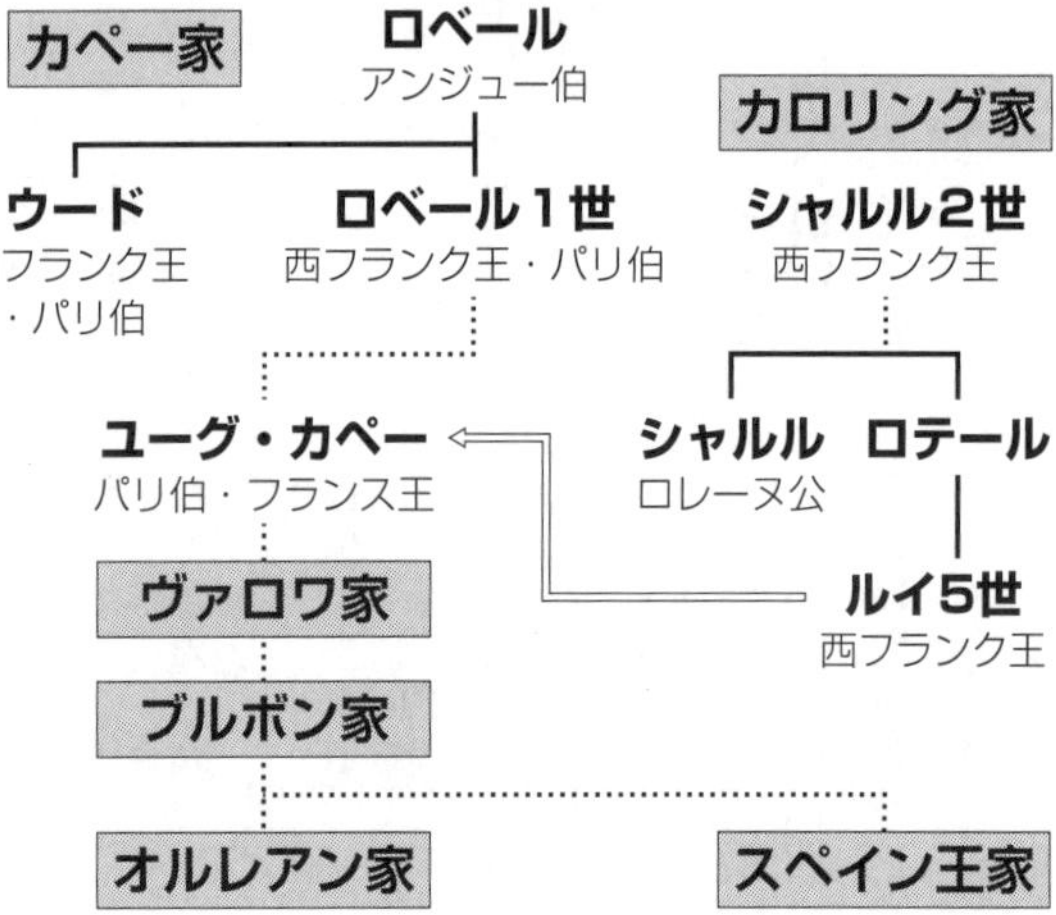


カペー朝の血統は、その後、ヴァロワ朝、ブルボン朝、オルレアン家（七月王政）に受け継がれる。19世紀、パリでの二月革命によってオルレアン家のルイ・フィリップが国外亡命するまで、カペー家の血統の者がフランスの王位にあったのだ。18世紀、ブルボン家の王ルイ16世が革命政府に断罪されたとき、彼は革命政府から「ルイ・カペー」と呼ばれた。ブルボン家の時代にあっても、始祖カペーの名は意識されつづけていたのだ。

カペー家の血は、18世紀、ブルボン家のルイ14世の時代にスペインにも移される。現在のスペイン王家は、フランスのブルボン王家を継承していて、つまりカペー家の末裔といえる。現在のルクセンブルク公家もまたカペー家の末裔であり、20世紀初頭までつづいたポルトガル王家もまたそうである。

ただ、その草創にあたって、カペー家の王たちは、実際のところフランス全土を支配したわけではない。その支配領域はせいぜいパリ周辺にとどまり、ドイツ王のようにイタリア遠征を繰り返す力はとうていなかった。

## 世界で2番目に古い「デンマーク王家」の出自は？

カール大帝の「ローマ帝国」とともに、ヨーロッパ王家のもう一つ大きな源流は、ヴァイキングたちである。ヴァイキングはノルマン人（北方の人）と呼ばれるように、北欧のスカンディナヴィア半島、ユトランド半島に住んでいた者らである。9世紀になると、彼らは北欧圏から飛び出し、ヨーロッパ各地の襲撃をはじめる。

ヴァイキングたちの活動は、ヨーロッパにおける第2次民族大移動といわれる。彼らが9世紀になって襲撃と大移動を繰り返すようになったのは、一つには広い世界を知ったからだろう。9世紀初頭、カール1世のフランク王国、つまり「ローマ帝国」は急拡大し、ユトランド半島方面にも彼の影響力が表れはじめた。これに、ノルマン人たちは刺激された。それは、ヴァイキングたちのフランク帝国への反撃でもあった。

それまで、ヴァイキングらは近海のニシン漁によって自己完結さえしていた。そのため、キリスト教の存在も知らなかったのだが、カール大帝の帝国の接近を契機に、南にある広い世界に興味を持ち、その富に魅せられた。教会には財宝もあれば、食糧もあった。ヴァイキングたちは、船に乗り、ヨーロッパ各地の沿岸の襲撃をはじめた。

こうしてノルマン人たちがヨーロッパ各地を襲撃、富を自国にもたらした時代、北欧では王家が成立している。ノルマン人は、ノール人、デーン人、スウェード人の3部族からなり、それぞれが現在のノルウェー、デンマーク、スウェーデンを形成していく。王となったのは有力な豪族であり、ヴァイキングのもたらす富が王を生み出したともいえる。いわば、北欧の王らは、ヴァイキングたちのボスでもあった。

具体的には、デーン人の王朝は10世紀にははじまっているようだ。実在が明らかとなっている最初の王は、ハーラル1世である。彼はノルウェーも征服し、デンマークとノルウェーの王を兼ねた。彼の時代、デーン人たちはキリスト教化されていく。

ハーラル1世以前、デーン人たちにはゴルムという王があったともされる。そのゴルム、

## ノルマン人による征服と建国（9〜12世紀頃）

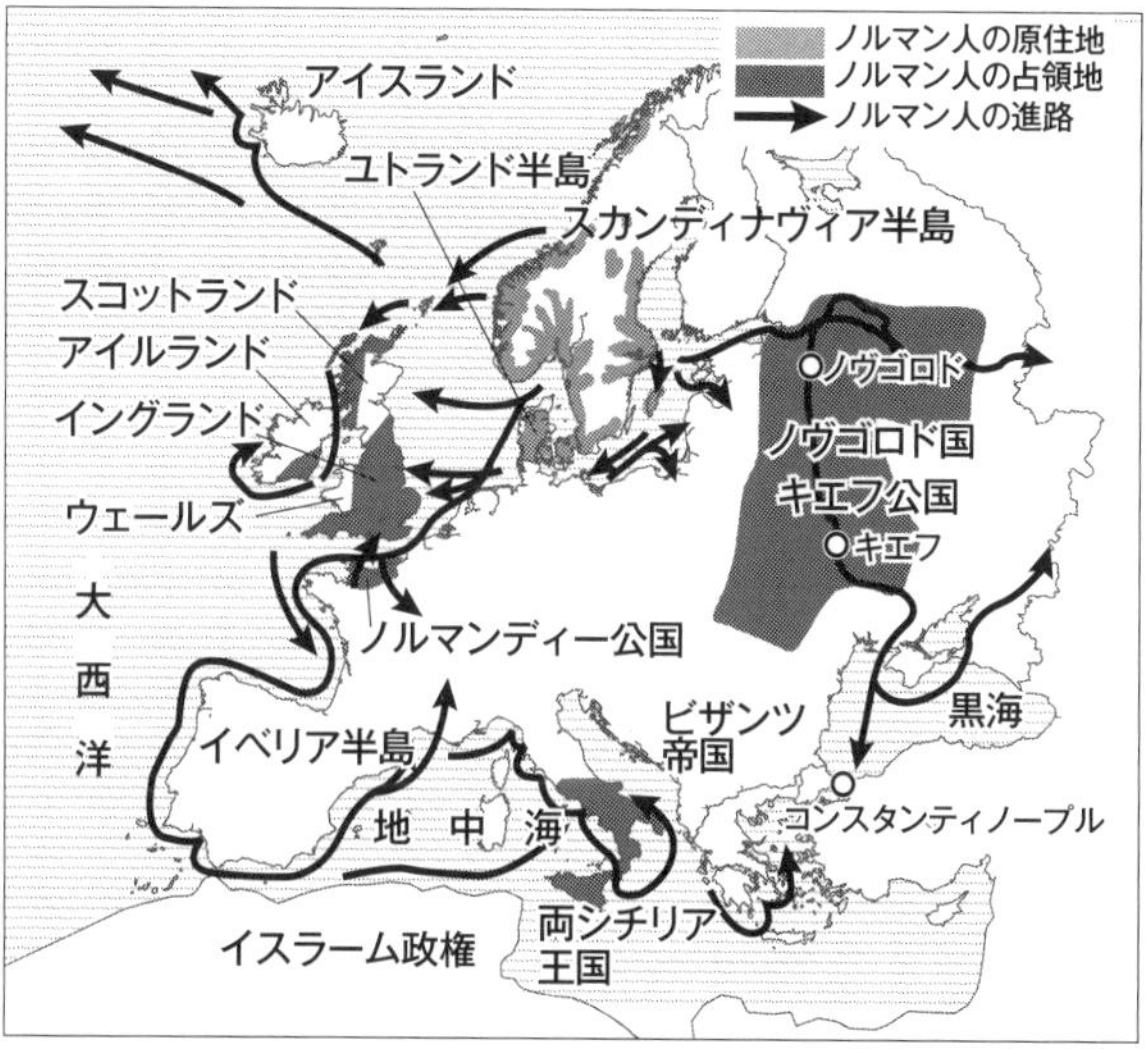


あるいはそれ以前からはじまっているかもしれないデーン人の王家が、いまのデンマーク王家だ。デンマーク王家は、現存する王家、帝家の中では、日本の皇室に次いで世界で2番目に古い。

### イングランドをも吸収した、ノルマン人の「北海帝国」

ノルマン人たちは、ヨーロッパからの収奪によって自国を築いていったのみではない。彼らの中には、襲撃地に定着し、その地の支配者となる者が現れはじめた。

狙われた地の一つが、イングランドである。ノルマン人が西へと航海をはじめたとき、まず突き当たるのがイギリス本島（ブリテン島）のイングランドであった。

イングランドでは、8世紀にはアングロ＝サクソン系の七王国があったが、デーン人の度重なる襲撃によって結束、9世紀前半にはウェセックス王エグバートによる統一もなされた。けれども、デーン人の侵攻はつづき、1013年、デーン人のハーラル1世の子スヴェンは、イングランドを征圧、イングランド王にもなった。

スヴェンの死ののち、彼の子クヌート（カヌート、クヌーズ）は、イングランドを再征服する。彼はデンマークの王位も継承し、スウェーデン・ノルウェー連合にも勝利し、ノルウェーの王位も手に入れた。彼はスウェーデン南部も手中にし、クヌートの帝国は「北海帝国」とも呼ばれた。それは、デンマーク、ノルウェー、スウェーデン南部からイングランドという広範囲な海洋の帝国であった。

ただ、クヌートの北海帝国は、ひとえに彼の才覚によってのみ維持できるものであったために、クヌートの死後、瓦解《がかい》している。

一方、フランスを攻めたのは、ノール人のロロである。ロロのもとにはデーン人の兵士らが集まり、セーヌ川の河口に定着していった。西フランク・カロリング家の王シャルル3世は、ついにロロ相手に妥協し、彼の一派によるセーヌ川河口領有を認めている。この地は、ノルマン人の土地であるところから、ノルマンディー公国となった。

ロロを始祖とするノルマンディー公国の家系は、その後、フランス化する。彼らはフランス語を話すようになるが、その野心的なところは残った。11世紀、ロロの子孫からはギヨーム2世が現れる。ギヨーム2世はイングランドを征服し、イングランドにノルマン朝を打ち立てた人物だ。

## ロシアの源流ともなっていたノルマン人たち

ヴァイキングによる建国はロシアでもはじまっている。ロシアに深くはいりこんでいったのは、スウェード人たちであり、彼らによってノブゴロド国、キエフ公国が誕生している。「海の民」ヴァイキングとって、「大地の国」ロシアは勝手が悪そうに見えるが、そうでもない。ロシアには河川が多い。それもドニエプル川やヴォルガ川といった大河があり、ヴァイキングたちは内陸水路を利用し、ロシアの内陸にはいりこみ、さらには東ローマ帝国やアラブ世界にも進出していた。

ロシアにはいりこんだスウェード人たちは、住人である東スラブ人からは「ルーシ」とも「ヴァリャーグ」とも呼ばれていた。このルーシを率いたリューリク（ルーリック）にによって、862年にノブゴロド国が生まれている。ノブゴロドは内陸都市とはいえ、フィンランド湾からは近かった。

リューリクの死後、ルーシをまとめたのはオレーグという人物である。オレーグは、ルーシの勢力拡大を狙い、ドニエプル川中流域にあった都市国家キエフを攻撃し、ここに「キエフ公国（キエフ＝ルーシ）」を誕生させている。

キエフ公国は13世紀にモンゴル帝国の侵攻の前に壊滅させられるが、ロシアの源流であったと見なされている。「ロシア」の名も、スウェード人たちを意味した「ルーシ」に由来するといわれる。

リューリクのノブゴロド建国にはじまる一連の王朝は、「リューリク朝」といわれる。ノブゴロド国、キエフ公国、モスクワ大公国までが一つのまとまった王朝と見なされているのは、ロシアの諸公、大公のほとんどを、リューリク一族が占めていたからだ。リューリク朝は、モンゴル帝国によるロシア支配の時代にあっても残存し、1598年、「雷帝」イヴァン4世の子フョードル1世の死によって途絶えている。このあと、混乱を経て成立するのが、ロマノフ朝となる。

## ノルマン人によるシチリア、ナポリ支配はなぜ歴史的に重要か？

ノルマン人による征服と建国は、地中海でも起きていた。彼らは、イベリア半島からジブラルタル海峡を抜け、地中海にもはいりこみ、イタリア半島やシチリア島を襲った。

11世紀前半、イタリア半島の南部からシチリア島にかけては、力の混交地帯となっていた。シチリア島がイスラムのファーティマ朝の支配に組み込まれていた一方、南イタリアを狙っていたのは、ドイツの神聖ローマ帝国皇帝たちだ。

そんななか、ノルマン人の頭目ロベール・ギスカール（ロベルト・グイスカルド）が南イタリアを征服する。彼の一族は、もともとフランスのノルマンディーにあった。すでに述べたように、ノルマンディーは、ヴァイキングのロロたちが定住していった土地であり、「世界の恐怖」とさえいわれたロベール・ギスカールの一族も彼らの仲間だったと思われる。ロベール・ギスカールという名は、フランス語である。

また、ロベールの弟ルッジェーロは、シチリアからイスラム勢力を追い払い、島の支配者となっている。ルッジェーロの子・ルッジェーロ2世の時代、南イタリアとシチリア島は統合され、「両シチリア王国（シチリア・ナポリ両王国）」となっている。

ノルマン人たちがナポリを中心とする南イタリア、シチリア島に王国を築いたのは、その後のヨーロッパの歴史に大きな影響を及ぼす事件となった。こののち、シチリア島、ナポリを巡って、フランス人やドイツ人、スペイン人、ローマ教皇らが争うことになる。シチリアの主は、ドイツ人↓フランス人↓スペイン人と目まぐるしく変わっていく。

## ノルマン人たちの建国の仕上げ「ノルマン・コンクェスト」

ノルマン人たちの征服・建国の総仕上げとなるのが、1066年の「ノルマン・コンクェスト」である。ノルマンディー公ギョーム2世による、イングランド征服という大事件だ。

彼はノルマンディーに定住したノルマン人ロロの子孫である。すでに彼はフランス化していたが、イングランド征服の野心があった。彼はイングランド王エドワードとは親戚関係にあったし、エドワードがノルマンディーに逃げていた時代、親しくしていたと思われる。

当時のイングランドは、じつに不安定な状態にあった。デーン人のクヌートによってイングランドは征服され、彼の「北海帝国」の一員になった時代もあった。1035年、クヌートが没すると、北海帝国も雲散霧消、イングラントではアングロ＝サクソン系のウェセックス家のエドワードが国王に就いた。エドワードの時代、イングランドは侵略を受けることはなかったものの、内外でイングランド王位は狙われていた。エドワードに嗣子《しし》がなかったからだ。嗣子がなければ、周辺の者に王となるチャンスが生まれてくる。

ノルマンディー公ギョーム2世のみならず、ノルウェー王ハーラルも狙っていたし、エドワード国王の妃の兄弟であるハロルドも欲していた。エドワードが没すると、イングランドでは、三強の争いがはじまる。

まず動いたのはノルウェー王ハーラル。彼の軍勢はブリテン島に上陸する。これを迎え撃ったのがハロルドであり、スタンフォード・ブリッジの戦いでハーラルを敗死させる。

この隙に、ギョーム2世もブリテン島に上陸し、ヘースティングズでハロルドの兵と激突する。「イングランド版関ヶ原」ともいえる天下分け目の戦いに辛くも勝利したのは、ギョーム2世であり、ハロルドは戦死する。勝利したギョーム2世は、ウィリアム1世としてイングランド王に即位した。これが、ノルマン朝のはじまりとなる。ウィリアム1世は、フランスのノルマンディー公でありながら、イングランド王となり、ドーバー海峡を挟んで双方の土地を所有した。

この大征服は、ノルマン人の末裔によるものであるところから「ノルマン・コンクェスト」と呼ばれる。ノルマン朝の始祖となったウィリアム1世の血統は、イングランド王家に脈々と引き継がれている。こののち、プランタジネット朝、ランカスター朝、ヨーク朝、チューダー朝などがつづくが、名は変われど、血脈は同じである。現在のウインザー朝のエリザベス2世もまた、ウィリアム1世の末裔である。

このようにノルマン人たちはヨーロッパにさまざまな国を打ち立てていったが、彼らがやがてキリスト教化されていくと、ローマ教皇を頼りにするようになる。「ローマ帝国」の後継であるドイツやフランスでは、すでにローマ教皇によって皇帝や王が権威づけられていた。ノルマン人たちも、この図式を踏襲するようになる。

イングランドにノルマン朝を開いたウィリアム1世も、そうだった。彼はノルマン・コンクェスト以前、ローマ教皇にイングランド征服を願い出て、許可を得ているのだ。

ノルマン人たちの建てた王国が長持ちし、イギリスやデンマークのようにいまなお王家が存在するのは、彼らに長期的視野があったからだろう。北欧の厳しい環境を生き抜くには長期的な視点、計画が欠かせない。長期的な視野に立って王国を築いていったことで、ノルマン人の王家はヨーロッパの源流の一つとなったのだ。

2章

# イングランド王家とフランス王家、歴史を動かした宿命の対決

## ノルマン・コンクェストにはじまる王家動乱の幕開け

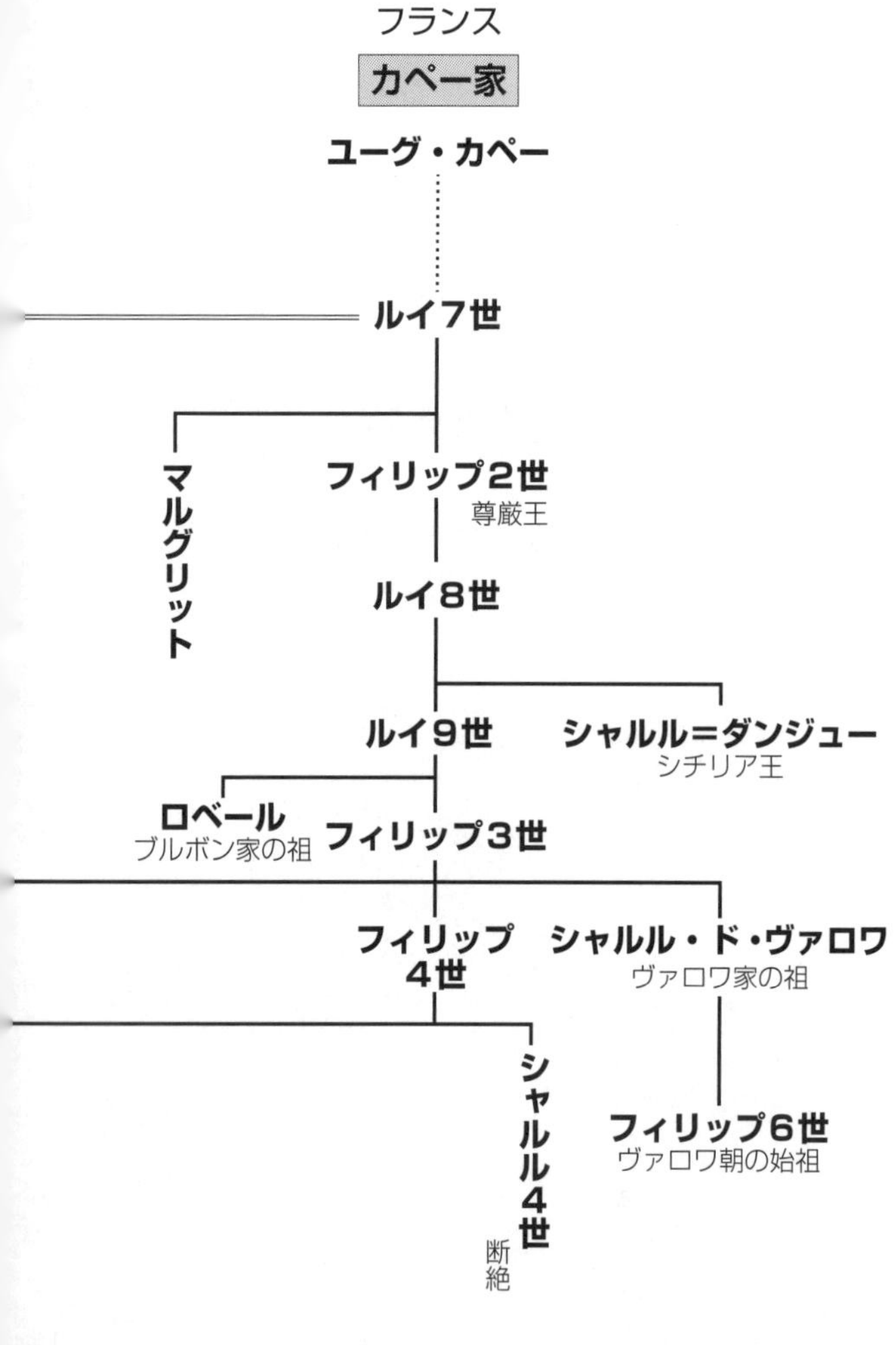
フランス
カペー家
ユーグ・カペー
ルイ7世
マルグリット
フィリップ2世
尊厳王
ルイ8世
ルイ9世
シャルル＝ダンジュー
シチリア王
ロベール
ブルボン家の祖
フィリップ3世
フィリップ4世
シャルル・ド・ヴァロワ
ヴァロワ家の祖
シャルル4世
断絶
フィリップ6世
ヴァロワ朝の始祖

## イングランド王家とフランス王家

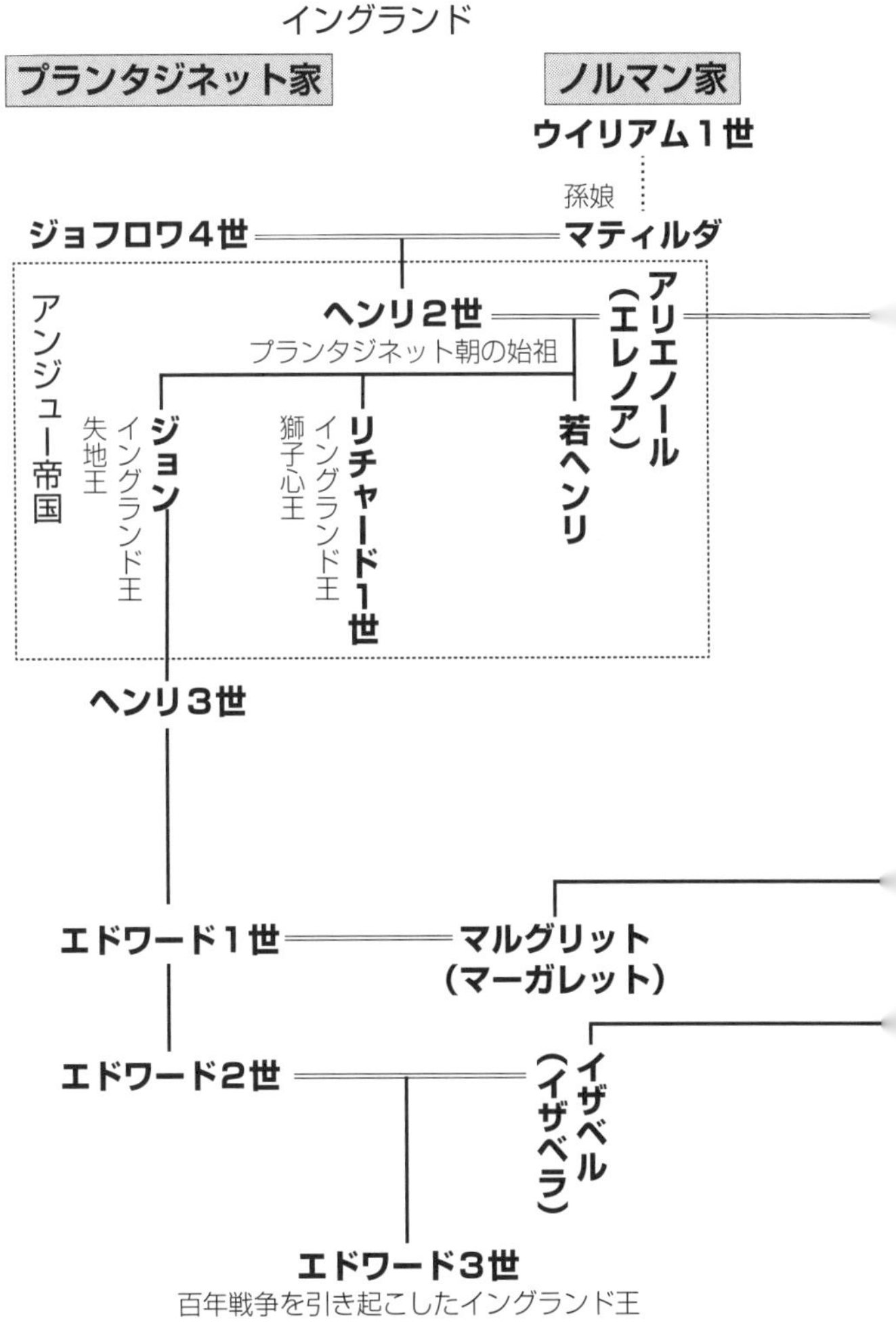
イングランド
プランタジネット家
ノルマン家
ウイリアム1世
孫娘
ジョフロワ4世
マティルダ
アンジュー帝国
ヘンリ2世
プランタジネット朝の始祖
アリエノール（エレノア）
ジョン
イングランド王
失地王
リチャード1世
イングランド王
獅子心王
若ヘンリ
ヘンリ3世
エドワード1世
マルグリット（マーガレット）
エドワード2世
イザベル（イザベラ）
エドワード3世
百年戦争を引き起こしたイングランド王

## イングランド王ヘンリ2世の「アンジュー帝国」こそ英仏対立の原点

ヨーロッパ各地に王家が誕生してのち、それぞれの王家は抗争の時代を迎える。中世後半、12世紀から15世紀にかけて、抗争の焦点となったのは、フランスとイタリアの土地である。

まずは、フランスの国土を巡る抗争についてだ。フランス王と争うことになったのは、イングランドの国王だ。それは、1066年の「ノルマン・コンクェスト」によってはじまりを告げる。前章で述べた、ノルマンディー公ギョーム2世が海を渡り、イングランドを征服し、ウィリアム1世としてイングランド王に即位するという事件だ。

ギョーム2世は、ノルマンディー公としてフランス王に臣従《しんじゅう》する立場にある。その一方、イングランド王ウィリアム1世としてはフランス王と同格であり、臣従する必要はない。

見方を変えるなら、「ノルマン・コンクェスト」によって、イングランド王が、フランスのノルマンディーに領地を有したことになる。フランス王にとっては、自分の版図《はんと》と思っていた土地が、いきなりイングランド王の土地になったようなものだ。フランスにイングランド王の土地があることは、フランス王にとっておもしろい話ではない。ウィリアム1世の征服は、イングランド王とフランス王の対立を呼び寄せようとしていた。

そこから先、イングランド王ヘンリ2世による「アンジュー帝国」が出現する。

1154年、イングランドで国王ティーヴンが死去すると、ノルマン朝は途絶える。代わってイングランド王位に就いたのは、フランスのアンジュー伯アンリである。彼は、ノルマン朝の始祖ウィリアム1世（ギヨーム2世）の孫娘マティルダの子である。彼はフランスからイングランドに乗り込み、ヘンリ2世として即位する。これが、プランタジネット朝のはじまりであると同時に、世にいう「アンジュー帝国」の成立でもあった。

プランタジネットとは、ハリエニシダ（プランタ・ゲニスタ）という樹木である。

**ヘンリー2世による「アンジュー帝国」**

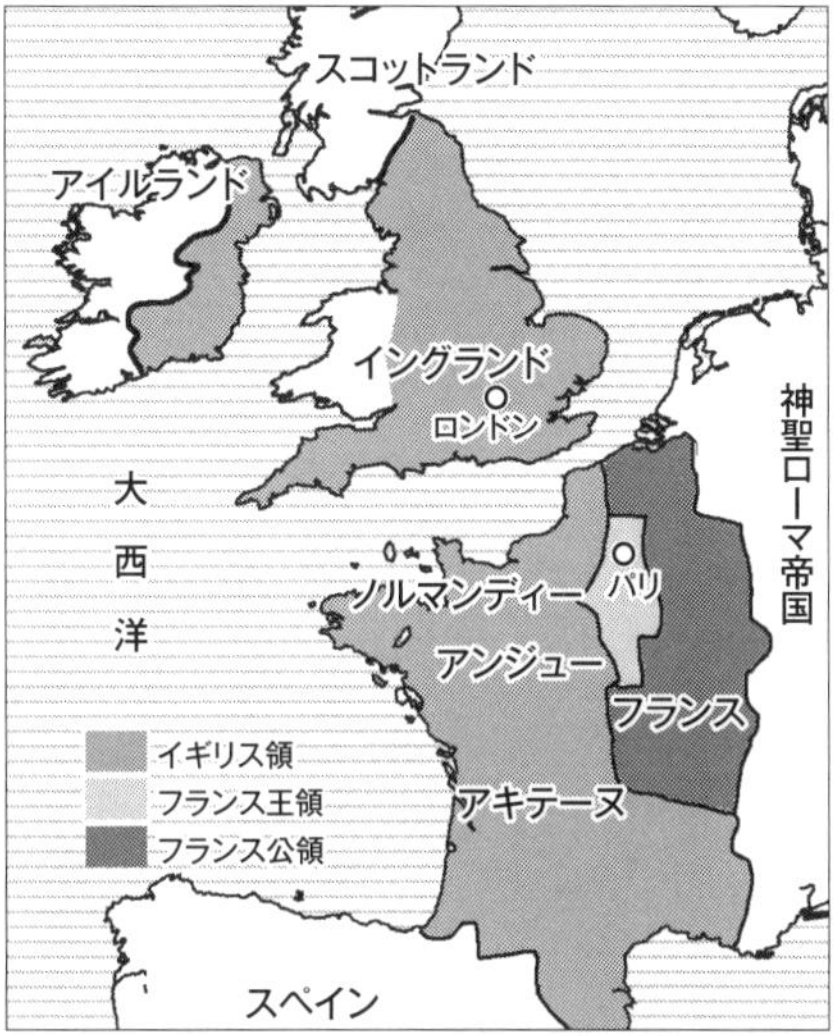

ヘンリ2世の生家・アンジュー家では、プランタジネットをシンボルにしていたことから、王朝名にこの名がついた。

アンジュー家出身のヘンリ2世はもともとフランス北西部のアンジューに領地を有していたうえ、ノルマンディーの土地も継承した。彼は、フランス南西部に広がるアキテーヌ公領の女子相続人であるアリエノール（エレノア）と結婚したから、これによってもフランスに大きな領地を持った。彼女はもともとルイ7世と結婚していたが、離婚、ヘンリ2世と結婚したのである。

加えて、彼の弟ジョフロワは、フランス西部のナント伯であったから、ナントもイングランドのものとなった。こうした継承によって、イングランド王ヘンリ2世は、イングランドのみならず、フランスに広大な土地を持ち、これが「アンジュー帝国」と呼ばれる。

イングランド王による「アンジュー帝国」の存在は、イングランドとフランスの関係をじつにややこしくした。イングランド王ヘンリ2世は、ノルマンディー公、アンジュー公の肩書でなら、フランス王に臣従する宿命にある。にもかかわらず、イングランド王ヘンリ2世は、フランス王よりもずっと広大な土地をフランス国内に有しているのだ。

こうしてイングランド王の勢力がフランスを蚕食《さんしょく》してしまうと、イングランド王はフランスに大きな影響力を有することとなる。以後、フランス王はイングランド王からフランス国内の土地を奪い取り、イングランドの影をフランス国内から叩き出すことが使命となる。一方、イングランド王はいかにフランス国内での土地や権益を維持するかに懸命になってくる。そうした諸々は、イングランドとフランスの長い対立の要因にもなり、14世紀にはじまる百年戦争の遠因にもなっている。

## 「獅子心王」リチャード1世をぐらつかせていたフランス王フィリップ2世

イングランド王ヘンリ2世が有した「アンジュー帝国」は、彼一代で終わらない。彼の子たちも、「アンジュー帝国」を継承しようとした。一方、フランス王は「アンジュー帝国」の解体に乗り出す。

まずは、カペー朝のフランス王ルイ7世は、イングランド王ヘンリ2世の子たちをそそのかし、ヘンリ2世と戦わせるように仕向けた。そこには、ヘンリ2世の愛人問題が絡んでいる。ヘンリ2世の不倫に愛想を尽かしたフランス人の妃エレノア（アリエノール）は、実家のアキテーヌに戻り、息子たちをルイ7世に臣従させた。つづいては、長男の若ヘンリをヘンリ2世と戦わせ、ヘンリの病死後は、次男のリチャード（のちのリチャード1世、フランスではリシャール）をヘンリ2世に挑ませた。

リチャードとヘンリ2世の戦いは、フランスで展開されている。リチャードを支援したのは、フランス王ルイ7世の子フィリップ2世である。

そこには、血の連帯があった。リチャードの母エレノアは、もともとはフランス国王ルイ7世の妃であった。フィリップ2世はルイ7世の子であり、フィリップ2世とリチャードには共通の異母姉妹があり、彼らは誼《ぎ》を通じやすかった。

リチャードと父ヘンリ2世の戦いは、リチャード優勢に進み、ヘンリ2世は病没する。代わって父ヘンリ2世を追い込んだリチャードが、リチャード1世としてイングランド王に即位している。

リチャード1世は、日本でも「獅子心王」のニックネームで知られている。エルサレムを目指した第三回十字軍にあって、アイユーブ朝の英雄サラディン（サラーフ＝アッディーン）と互角に戦ったからだが、じつのところ武人としては優秀でも、思慮の足りない王であったようだ。

第三回十字軍にあっては、リチャード1世は、フランス王フィリップ2世とともに参加している。両者は当初、良好な関係にあったようだが、仲違いする。フィリップ2世はもともと十字軍に熱心でなかったから、さっさと帰国する。帰国後、何をしたかといえば、リチャード1世の弟ジョンにイングランド王位を簒奪するようにそそのかしていた。

リチャード1世は、弟ジョンの不穏な策動を知り、帰国しようとするが、帰路、オーストリア公レオポルド5世に捕縛され。神聖ローマ皇帝ハインリヒ6世に売り渡された。ハインリヒ6世は、リチャード1世を競売にかけた。

オーストリア公レオポルド5世がリチャード1世の捕縛に出たのは、十字軍参加時にリチャード1世に侮辱されたからだ。リチャード1世は、そうした経緯を忘れていたのか、レオポルド5世に復讐されたのだ。

競売にかけられたリチャード1世にとって、もっとも避けなければならなかったのは、フランス王フィリップ2世に身柄を買われることだった。そうなれば、リチャード1世は領土を失いかねない。リチャード1世は慌てて資金を調達し、解放されている。

帰国後、リチャード1世が向かったのは、フランスである。フィリップ2世に領地を奪われないためだ。彼はフィリップ2世相手に優勢に戦いを進めながら、戦いの矢傷がもとで死去している。

## フィリップ2世の領土拡大で、フランス王はようやく「フランス王」らしくなる

リチャード1世と戦ったフランス王フィリップ2世は、イングランド王家による「アンジュー帝国」を解体させていく。リチャード1世が没してのち、フィリップ2世のターゲットとなったのは、新たなイングランド王ジョンである。

フィリップ2世とジョンでは、勝負にならなかった。ジョンは、国内の統治さえもままならない王であった。すでにイングランドではリチャード1世の身代金を用立てるのに、不満があった。そこに信望のないジョンの即位である。一方、フィリップ2世は、官僚制を整備し、王権を強めていたから、両者の戦いはフィリップ2世の優勢に終始する。

結局のところ、フィリップ2世は、イングランド王ジョンの所有するフランスの土地を次から次へと奪い取ってしまった。ノルマンディーもアキテーヌも、フランス王のものとなったのだ。

さらに、フィリップ2世は、アルビジョア十字軍にも参戦している。当時、南フランスのトゥールーズやアルビ地方にはキリスト教のカタリ派がさかんになっていた。カタリ派

はアルビで支配的であったところから、アルビジョア派とも呼ばれた。それはキリスト教の刷新運動でもあったが、「最強の教皇」インノケンティウス3世は、これを異端と断罪し、南フランスにおけるカタリ派の撲滅を叫んだのだ。フィリップ2世は、これに応じて、南フランスに進軍している。

**失地主ジョンによるアンジュー帝国の崩壊**

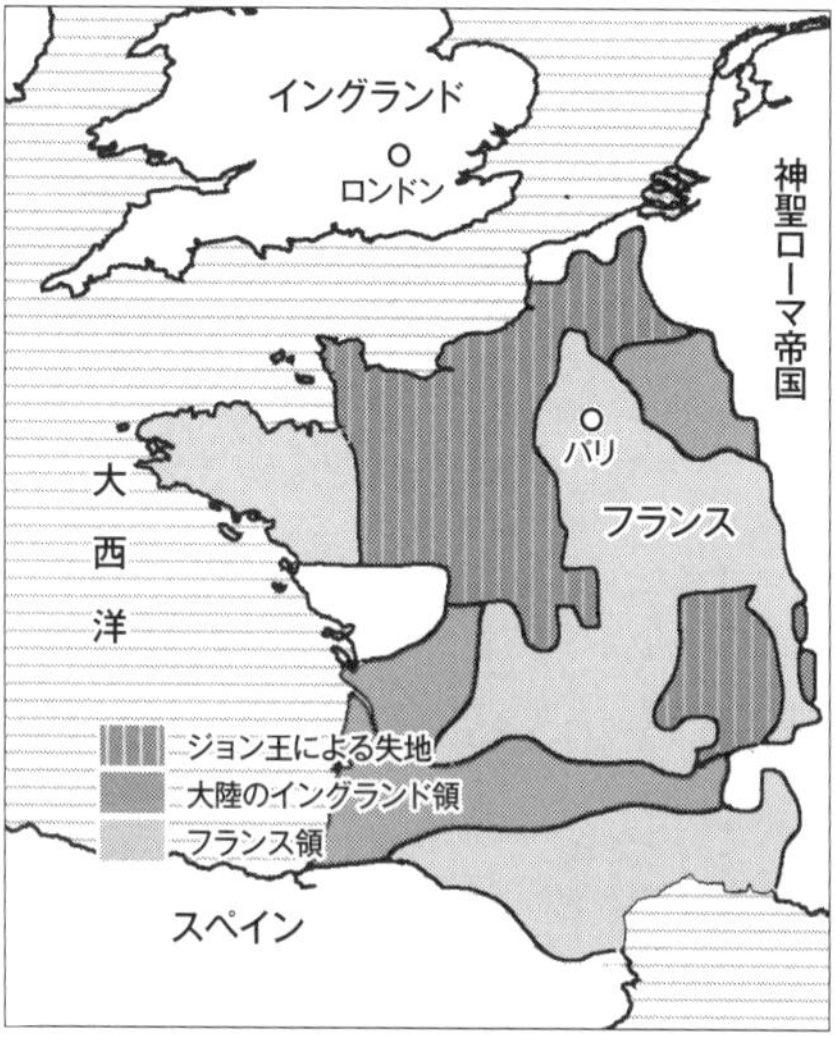


フィリップ2世にとって、アルビジョワ十字軍参加は、王家の領地を拡大するのにちょうどいい機会であった。彼は、これまで手の届かなかった南フランスまでも版図に組み込む。こうした一連の領土拡大によって、フランス王はようやくフランス王らしくなったのだ。フィリップ2世によって、カペー朝は真の王家となったといっていい。そこから、フィリップ2世は「尊厳王」とも呼ばれている。

一方、ジョンはイングランドで、多く

の領地を失ったところから、「失地王」とも呼ばれている。彼はロンドンの貴族や市民たちにも譲歩をよぎなくされ、1215年、彼らの突きつけた「マグナ＝カルタ（大憲章）」に調印している。これが、イギリスの立憲政治の基礎になるとはいえ、イングランドでの王権は低迷した。

## カノッサの屈辱では終わらなかった神聖ローマ帝国皇帝VSローマ教皇

イングランドのプランタジネット王家とフランス・カペー王家が土地を巡って争いつづけた時代、イタリア半島ではドイツ王とローマ教皇の対立劇が繰り返されていた。

もともと、ドイツ王（ローマ王の名も有する）は神聖ローマ帝国皇帝であり、ローマ教皇の守護者を自任した。とくにザリエル朝の神聖ローマ皇帝ハインリヒ3世は、クリュニー修道会にはじまる教会の改革を支持してきた。ハインリヒ3世は中世ドイツ屈指の王ともいわれ、彼の後押しがあったからこそ、クリュニー改革という教会刷新運動が進行した。

1056年、そのハインリヒ3世が死去してのち、即位したのが彼の子ハインリヒ4世である。当時、ハインリヒ4世はわずか6歳と幼少であった。ハインリヒ4世が成人するまでの間に、ローマ教皇の改革はエスカレートし、神聖ローマ皇帝を乗り越えようとしはじめる。その真打ちとなったのが、１０７３年に教皇に選出されたグレゴリウス7世だ。

グレゴリウス7世は、枢機卿《すうききょう》時代からクリュニー改革を牽引してきた実力者であった。グレゴリウス7世は、教皇権が皇帝の権力よりも絶対的に上であるとし、ドイツでの聖職叙任権は教皇にあるとした。これまでドイツの聖職叙任権はドイツ王にもあったが、それを取り上げようとするものであった。

ここから、成人した神聖ローマ帝国皇帝ハインリヒ4世と教皇グレゴリウス7世の対立がはじまる。グレゴリウス7世は、異を唱えるハインリヒ4世を破門に処し、これにハインリヒ4世は屈伏する。当時のキリスト教世界では、破門された王を諸侯は王と見なすのをためらったのだ。王に聖性が失われたように見えたからだ。ドイツでは、諸侯たちがハインリヒ4世を見捨てつつあった。諸侯の支持を得るには、教皇のゆるしを得るしかなく、ハインリヒ4世はイタリア北部カノッサの城外で3日間、裸足で祈りつづけさせられた。これが「カノッサ事件」であり、ドイツでは「カノッサの屈辱」と呼ばれる。

カノッサ事件は、ローマ教皇の地位が皇帝や王よりもずっと上にあることを象徴するものであった。この時代、神聖ローマ皇帝といえど、破門の脅しには弱かったのだ。

カノッサ事件ののち、ハインリヒ4世は反撃に出る。彼は軍を率いて、イタリア半島になだれこみ、ローマを占拠する。形勢不利となったグレゴリウス7世は、ノルマン人の勢力下にある南イタリアにまで逃れ、ここで憤死している。

グレゴリウス7世死没ののちも、神聖ローマ皇帝と教皇の対立はつづき、やがてはイタリア征服に野心的な皇帝フリードリヒ1世の登場となる。

## 「バルバロッサ」フリードリヒ1世の夢見たイタリア支配

歴代神聖ローマ皇帝は、イタリアに野心を抱きつづけたが、もっともイタリアに野心を抱いたのは、12世紀後半に登場したフリードリヒ1世だろう。

フリードリヒ1世は、「バルバロッサ（赤髭《あかひげ》）」の異名で知られる。彼はドイツのホーエンシュタウフェン朝の開祖コンラート3世の甥に当たる。彼はその人生で6回もイタリア遠征を繰り返し、彼ほどイタリアを欲した神聖ローマ皇帝はない。

フリードリヒ1世は、名誉と実質の両方を欲した男である。「神聖ローマ帝国」に「神聖」の名がつくのは、彼の時代からだ。彼は自らの帝国を「神聖帝国」と呼び、ローマ教皇に比肩しうる世俗の帝王たらんとした。そのためには、歴代ドイツ王が中途半端にしたままであったイタリア支配を完全にし、ヨーロッパ一の版図を持つことだ。そこから、フリードリヒ1世は、イタリア征服の野心に駆られつづけた。

けれども、彼の能力をもってしても、イタリアの征服は困難であった。すでに述べたように、イタリア半島はマラリアの猖獗地帯であり、マラリアに免役のないドイツの兵士はイタリアに長居できなかった。加えて、ローマ教皇もフリードリヒ1世の野望に頑強に抗してきた。教皇アレクサンデル3世は北イタリアに反バルバロッサのロンヴァルディア都市同盟をまとめあげた。1176年、レニャーノの戦いでは、ロンヴァルディア都市同盟軍がフリードヒ1世の皇帝軍を破ってもいる。

フリードリヒ1世は第三回十字軍に参加、事故死するのだが、イタリア支配のための未来への手を打っていた。彼は、息子ハインリヒ6世の結婚相手に両シチリア王国（シチリア・ナポリ両王国）の王ルッジェーロ2世の娘コスタンツァ（コンスタンツェ）を迎え入れていた。

両シチリア王国はノルマン人たちによる王国だが、すでにイタリアに土着化していた。両シチリア王国の王ルッジェーロ2世の孫・グリエルモ2世には嫡子《ちゃくし》がいなかったから、コスタンツァは王国の唯一の相続人となっていた。つまり、フリードリヒ1世の子孫は相続によって、確実に南イタリアとシチリアを得ることができるのだ。それが、フリードリヒ1世の孫・フリードリヒ2世の時代に本当に実現する。

## ローマ教皇を蹴散らした
## 神聖ローマ皇帝フリードリヒ2世の「大帝国」

ホーエンシュタウフェン家の神聖ローマ帝国皇帝「バルバロッサ」フリードリヒ1世の婚姻政策は、彼の死後、神聖ローマ帝国を巨大化させた。彼の子ハインリヒ6世は両シチリア王国（シチリア・ナポリ両王国）の相続人コスタンツァと結婚していたおかげで、ホーエンシュタウフェン家は南イタリアとシチリア島を手にしたのだ。

ただ、ハインリヒ6世は若くして没し、こののち彼の子フリードリヒ2世がその果実を手にする。フリードリヒ2世はシチリア、ナポリを相続したおかげで、ドイツ王でありながら、イタリアにあった時代のほうがずっと長かった。だから、彼はイタリア語で「フェデリーコ2世」といったほうが、実態に近い。

フリードリヒ2世は当代屈指の教養人であり、プレ近代人のような人物であった。彼の

フリードリヒ2世時代の神聖ローマ帝国

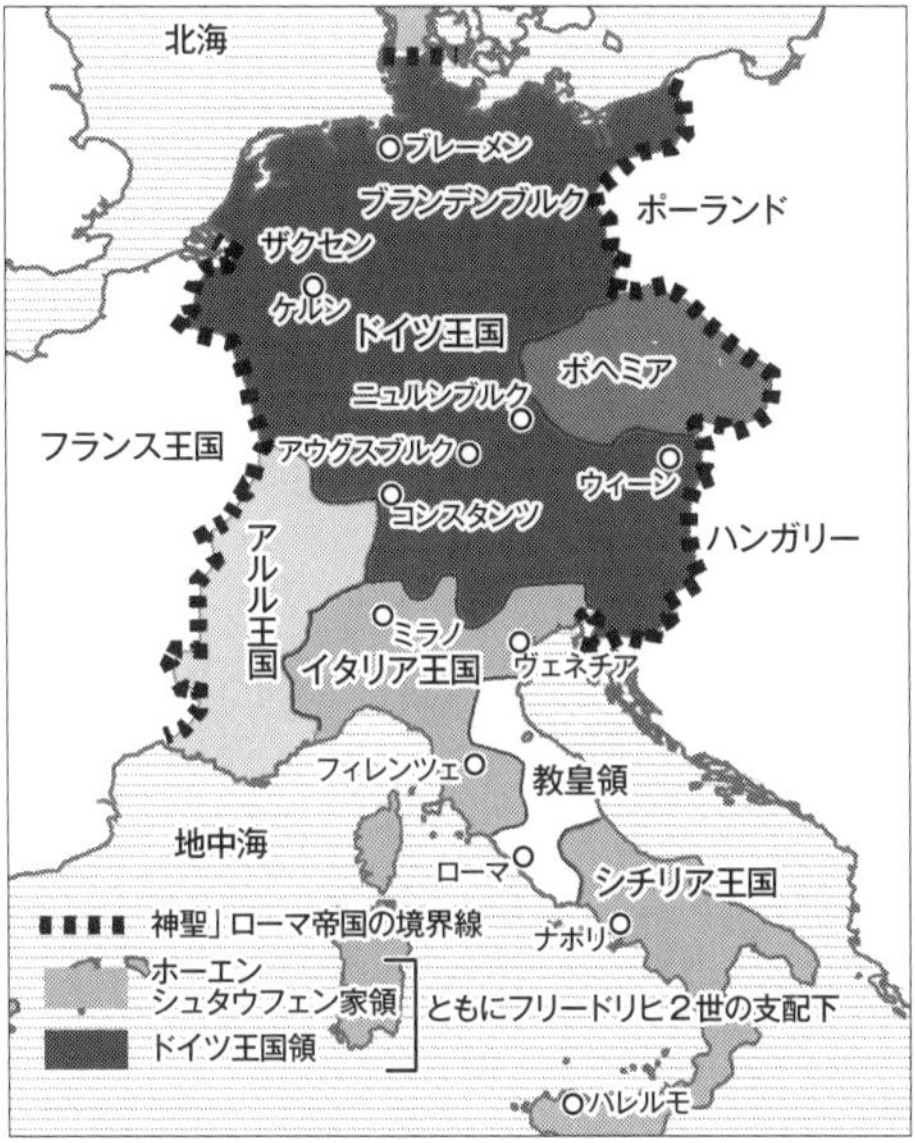

好んだパレルモの宮廷にはムスリムやユダヤ人の学者たちがあり、フリードリヒ2世は彼らとの交遊を愉しんだ。彼の時代、パレルモはヨーロッパ随一の先進地域であった。

イタリアで人生の多くを過ごしたフリードリヒ2世がドイツ王の座を手にしたのは、フランス王フィリップ2世の協力を得たからでもある。当時、フリードリヒ2世とドイツ王の座を争ったのは、オットー4世であった。オットー4世は、イングランド王ジョンの甥に当たる。ジョンといえば、フランス王フィリップ2世が争い、やりこめた男である。フィリップ2世は、イングランド王ジョンに連なる勢力を増長させたくなかった。そこで、フィリップ2世はフリードリヒ2世に資金を援助し、オットー4世を撃破させたのだ。

フリードリヒ2世は、イタリアに大きな勢力を築き、ローマ教皇の脅威となっていた。ローマ教皇は2度にわたって破門によって屈伏させようとしたが、フリードリヒ2世は屈しない。ローマ教皇は、この知性の塊のような神聖ローマ帝国皇帝を御しかねた。

たしかに、フリードリヒ2世は教皇の求めに応じて、第六回十字軍に参加している。彼がそこで何をしたかといえば、アイユーブ朝のスルタン（イスラム教国の君主）のアル＝カーミルとの書簡による対話である。フリードリヒ2世はアラビア語を操り、イスラム文化にも理解を示していた。書簡でのやりとりでは神学や論理学などが開陳され、アル＝カーミルはフリードリヒ2世の人間性、知性に魅了されたようだ。彼は、期限付きでエルサレムを返還している。

フリードリヒ2世は、第三回十字軍でサラディーンと戦ったリチャード1世ができなかったエルサレム奪回を無血でやってのけた。にもかかわらず、ローマ教皇は、彼を評価することがなく、対立をつづけた。

フリードリヒ2世とローマ教皇の対立は、しまいには軍事対決になる。ローマ教皇側はフリードリヒ2世の軍に追い払われ、ついにはフランスに逃げ出さざるをえないほどになっていた。ローマ教皇はフランスにあって、フリードリヒ2世への十字軍を叫ぶのだが、応じる王などいるはずもなかった。

## フリードリヒ2世の栄光が招いたドイツの「大空位時代」

神聖ローマ皇帝フリードリヒ（フェデリーコ）2世は、イタリアではローマ教皇を追い払うほどの栄光を手にしていたが、その栄光はドイツの混乱を招いた。彼の死後、ドイツでは王権が揺らぎ、王のいない空白期間が生じてしまう。フリードリヒ2世があまりにイタリア支配に熱を入れるあまり、ドイツの統治を疎かにしたからだ。

1250年、フリードリヒ2世が没してのち、ドイツ王を継承したのは、彼の子コンラート4世である。そのコンラート4世が嗣子《しし》のないまま、1254年に死去したことで、ホーエンシュタウフェン朝の血脈は途絶える。

以後、ドイツではハプスブルク家のルドルフ1世が1273年にドイツ王（ローマ王）となるまで、およそ20年にわたって、れっきとした王が登場することはなかった。王が不在にも等しかったところから、この期間は「大空位時代」と呼ばれている。

そのハプスブルク家のルドルフ1世だが、彼がドイツ王の力を再建したわけでもないし、ハプスブルクの時代を開いたわけでもない。ハプスブルク家の栄光がはじまるのは、これからおよそ200年後の話だ。ルドルフ1世が成したことといえば、ハプスブルク家のオーストリア進出であった。

ハプスブルク家といえば、オーストリアのウィーンがすぐにイメージされるが、ウィーンは彼らの原点ではない。ハプスブルク家は、もともとスイスの一部からアルザス（現在のフランス北東部）にかけてを有していた。オーストリアを有していたのは、ボヘミア王である。そのボヘミア王オタカルが、ドイツ王に選ばれたルドルフ1世と対立、マルヒフェルトの戦いとなる。戦いを制したのは、ハプスブルク家のルドルフ1世であり、以後、ハプスブルク家はオーストリアを有するようになったのだ。

## なぜフランス・カペー王家はシチリア支配をはじめたのか？

フリードリヒ2世が没してのち、ドイツでは王位の融解がはじまろうとしていたが、イタリアでは新たな抗争がはじまった。フリードリヒ2世の庶子《しょし》マンフレーディ（マンフレッド）がシチリア島支配を固め、さらにイタリア支配に意欲的だったからだ。
このままでは、マンフレーディは、ローマ教皇にとってはフリードリヒ2世の再来となりかねない。教皇アレクサンデル4世はマンフレーディを破門に処するが、マンフレーディは反撃、教皇の軍を破り、教皇を脅かした。

教皇アレクサンデル4世死去ののち、新たに教皇に選出されたのは、フランス出身のウルバヌス4世である。彼は、マンフレーディを抑え込み、滅ぼすための手を用意した。彼は出身国であるフランスの王ルイ9世に接近し、彼に支援を求めたのだ。

当時、フランスのカペー王家はヨーロッパの中で侮れない存在になっていた。ルイ9世の祖父フィリップ2世の時代、フランス王領は拡大、カペー家は力をつけていた。「聖王」といわれるルイ9世はローマ教皇の提唱する十字軍活動に熱心であるうえ、国内の体制整備にも力を注いでいた。

ウルバヌス4世は、当初、ルイ9世にシチリア王になることを求めたものの、よい返事を得られなかった。そこで、ルイ9世の弟シャルル＝ダンジュー（アンジュー伯シャルル）をシチリア王に任命し、マンフレーディとの対決を促した。

1266年、マンフレーディの軍とシャルル＝ダンジューの軍はベネヴェントで激突する。勝利したのはシャルル＝ダンジューであり、マンフレーディは敗死する。

つづいて、シャルル＝ダンジューは、イタリア半島に侵攻したフリードリヒ2世の孫コンラーディンの挑戦を受けるが、これまた勝利し、コンラーディンを処刑している。これによって、ドイツのホーエンシュタウフェン家の血統は庶子系までも完全に絶たれた。

シャルル＝ダンジューの勝利は、ドイツ人の脅威からイタリアを解放するものであった。と同時に、フランス・カペー家の血統のシチリア島、南イタリア支配を意味し、フランスと教皇の結びつきを強めた。のみならず、シャルル＝ダンジューは、これまでの神聖ローマ帝国皇帝（ドイツ王）と同じようにローマ教皇に影響力を有するようにもなっていた。

シチリア王としてのシャルル＝ダンジューは、カルロ1世と呼ばれている。

## 「シチリアの晩祷事件」が招いたスペイン王家のシチリア島支配

シチリア、南イタリアを制したカペー家の血をひくシャルル＝ダンジューは、野心家であった。彼は東ローマ（ビザンツ）帝国を征服し、地中海帝国を築く野望さえ抱いていたが、挫折する。

1282年、「シチリアの晩祷《ばんとう》事件」が起きてしまったからだ。ヴェルディのオペラの題材にもなった「シチリアの晩祷事件」とは、シチリア・パレルモで起きた反フランスの暴動だ。シャルル＝ダンジューがシチリアを支配して以来、シチリア島ではフランス人が幅を利かせた。これにシチリア島の住人は反発し、パレルモでは夕べに鳴る鐘の音を合図に、蜂起・反乱がはじまった。

シチリアの住人たちが、フランスのシャルル＝ダンジューの軛《くびき》から逃れるために支援を求めたのは、イベリア半島のアラゴン王家であった。アラゴン王ペドロ3世は、かつてシチリアにあったドイツ・ホーエンシュタウフェン家のマンフレーディの娘婿であった。ペドロ3世の登場によって、シチリアはアラゴン王家の統治するところとなったのだ。

それは、イベリア半島の王家が、ヨーロッパのメインストリームでの抗争にはじめて登場した瞬間であった。8世紀にイスラム化したイベリア半島だが、その後、キリスト教徒たちの反撃がはじまっていた。イベリア半島にはキリスト教国がいくつか生まれ、しだいにムスリム勢力を圧するようになる。なかでも、強力であったのが、アラゴン連合王国とカスティーリャ王国だ。この2国が15世紀に合同し、スペイン王国を成立させる。

このうち、イベリア半島の北部から中部にかけて勢力圏としたのは、カスティーリャ王

## アラゴン連合王国の地中海進出

国だ。カスティーリャ王国は、隣接するレオン王国との統一に踏み切り、成功する。これによりカスティーリャ王国は大型化し、ムスリム勢力から土地を奪っていった。

一方、イベリア半島東部の内陸にあったアラゴン王国だが、これまた近隣国との合同に動く。アラゴン王国はバルセロナ伯領と合同し、アラゴン連合王国となり、つづいてはバレンシア王国を吸収した。これによりアラゴン連合王国は内陸国家から、地中海に面した海洋国家にも変化し、シチリア島を見据えることができた。ペドロ3世は、かつてシチリアにあったドイツ・ホーエンシュタウフェン家の娘コンスタンツァと結婚していたから、シチリア王の座を相続できる地位にあったのだ。

もちろん、シチリア島を奪われたシャルル＝ダンジューも黙っていない。彼は教皇を味方につけ、アラゴン王でもあるペドロ3世に戦いを挑む。これは、「シチリアの晩祷戦争」と呼ばれる。教皇はペドロ3世を破門にし、フランス王にアラゴン王国を攻めさせた。それでも、アラゴン王家は屈せず、シチリア島を確保したのだった。アラゴン王家は、サルデーニャ島も支配し、イタリア半島に影響力を有していったのだ。

一方、南イタリアにはシャルル＝ダンジューの血統が残り、アンジュー家のナポリ王国となる。

## フィリップ4世vsエドワード1世の「野心家対決」

13世紀後半、フランス・カペー王家、イングランド・プランタジネット王家からは、ともに中世屈指の王が出る。フランスのフィリップ4世、イングランドのエドワード1世は、ともに野心家であり、奸智《かんち》に長けた策略の王であった。

ゆえに、二人の王は対立するが、まずはエドワード1世についてである。彼はウェールズ、スコットランドを屈伏させた王である。彼の登場まで、ウェールズとスコットランドは独立し、長くイングランドに敵対していた。エドワード1世はウェールズの最後の抵抗までも打ち砕き、彼の時代にウェールズはイングランドに吸収されていく。

対スコットランドにあっては、エドワード1世は、スコットランド王アレグザンダー3

世急死後の混乱につけいる。彼は傀儡《かいらい》王ベイリャルを立てたのち、これを廃位、スコットランド貴族を臣従させた。スコットランドでは、反骨のウィリアム・ウォレスがエドワード1世に立ち向かったものの、エドワード1世は強い武人である。ウォレスはエドワード1世の前に敗北し、処刑されている。エドワード1世の死後、スコットランドは独立を取り戻していくが、エドワード1世はイングランド歴代王の中でも屈指の「征服者」であった。

一方、フランス王フィリップ4世は、ローマ教皇の権威に大きな傷をつけたうえ、テンプル騎士団を壊滅させた王だ。フィリップ4世と激しく対立したのが、ローマ教皇ボニファティウス8世だ。彼は「最強教皇」インノケンティウス3世の再来を自任し、すべての人間に教皇への服従を求めた。これに対して、フィリップ4世はフランス国内における教皇の利権を毟《むし》り取ろうとしたから、両者は対立し、「アナーニ事件」に至る。

「アナーニ事件」とは、教皇ボニファティウス8世に対する襲撃・監禁事件だ。フィリップ4世の意を受けた家臣ギョーム・ド・ノガレとイタリアのコロンナ家の一派が結託し、イタリアのアナーニにあるボニファティウス8世の宮殿を襲撃する。ノガレらは教皇を拘束し、退位を迫った。ボニファティウス8世は住民によって救出されたものの、精神的苦痛は残り、事件後、急逝している。この事件は、ローマ教皇の権威を動揺させていた。

こののち、フィリップ4世は、フランス出身のローマ教皇クレメンス5世に強い影響力を有し、1308年には教皇庁をフランスの南部アヴィニョンに移転させている。以後、教皇庁はおよそ70年間、アヴィニョンにあり、フランス王の管理下も同然となる。

策謀家フィリップ4世の真骨頂は、1307年からのテンプル騎士団壊滅にある。フィリップ4世は、家臣ギョーム・ド・ノガレを動かし、テンプル騎士団の総長ジャック・ド・モレーをはじめ騎士らを逮捕させる。

テンプル騎士団とは、聖堂騎士団とも呼ばれ、国家の枠組みを超えた修道会組織である。もともとはエルサレムのソロモン神殿跡を本拠地にして活動していたが、イスラム勢力に押され、活動舞台を西ヨーロッパに移していた。とくにパリにはタンプルという城砦を築き、ここを本拠としつつ、銀行業務や輸送業務を手がけ、多くの資金を有していた。

フィリップ4世は、テンプル騎士団の有する資産に惹かれた。と同時に、強固な超国家組織がパリにあることが癪《しゃく》の種であった。そこからテンプル騎士団の壊滅と彼らの資産簒奪に動いた。フィリップ4世はテンプル騎士団と友好関係を結んでいるようによそおい、彼らの隙をついたのだ。

こののち、テンプル騎士団の総長モレーらは異端審問にかけられ、処刑されている。この仕打ちに、ローマ教皇クレメンス5世はなんら救済の手だてを打てないままだった。

このように、イングランドとフランスにともに能力の高い野心家王があるかぎり、彼らの対立は避けられなかった。とくに、フィリップ4世にとってゆるせなかったのは、イングランド王家によるフランス南西部の南アキテーヌ（ガスコーニュ）所有である。アキテーヌに関しては、13世紀半ば、イングランド王ヘンリ3世がノルマンディーやアンジューへの請求権を放棄する見返りに、フィリップ4世の祖父・ルイ9世がイングランド王の領有を認めていた。その南アキテーヌを奪わないかぎり、カペー朝の領土は万全にはならない。そこから先、フィリップ4世はイングランド王の所有するアキテーヌの領地を没収すると宣言したのだ。

これにより、イングランドとフランスの間では戦争となる。戦いはフランス優勢に進んだが、休戦となる。ともに戦争による出費を避けたかったからだ。

フィリップ4世とエドワード1世の手打ちは、フィリップ4世の妹マルグリット（マーガレット）とエドワード1世の結婚となる。手打ちの第二弾は、フィリップ4世の娘イザベル（イザベラ）とエドワード1世の子エドワード2世の結婚となる。

これによりイングランドとフランスの間に小康状態が生まれたが、じつのところイザベルとエドワード2世の結婚は、のちの百年戦争をもたらしてもいる。

## フランス王の娘に牛耳られたイングランド王家

フランス王フィリップ4世の娘イザベル（イザベラ）とイングランド国王エドワード2世の結婚は不幸なものであった。というのも、エドワード2世が、性格の破綻した小悪党のようなタイプであったからだ。彼はチンピラのような人物を取り立てては、寵愛《ちょうあい》し、妃をかえりみなかった。加えて、エドワード2世は失政の王であり、スコットランドはエドワード2世の時代に独立回復に向かっていた。

エドワード2世に愛想が尽きたイザベルは、宮中クーデターに出る。彼女は故国フランスに帰り、弟であるフランス王シャルル4世を頼った。このとき、彼女はエドワード2世との間に生まれた王子エドワード（のちのエドワード3世）を連れていて、エドワードをフランス王シャルル4世に臣従の礼をとらせている。シャルル4世はこれに満足し、姉イザベルを支援した。イザベルは愛人であるロジャー・モーティマとも連携し、フランスを起点にクーデター軍を組織した。

クーデター軍がブリテン島に上陸すると、形勢は明らかとなる。エドワード2世に味方する者はほとんどなく、彼は反乱軍に拘束され、廃位されてしまった。代わって、イザベルの子であるエドワード3世が即位している。

ただ、エドワード3世はまだ14歳であり、しばらくは母イザベルとモーティマが実権を握った。イングランドは、フランス王の娘に統治されていたのである。

エドワード3世は長ずるに及んで、これをゆるせなかった。彼は、クーデターによってモーティマを逮捕、処刑し、母イザベルを引退させている。フランス王家の血をひくエドワード3世こそは、百年戦争をはじめた王となる。

## 3章

# 英仏百年戦争の勝負を分けたブルゴーニュ公

### 神聖ローマ皇帝の弱体化と台頭する新興王家

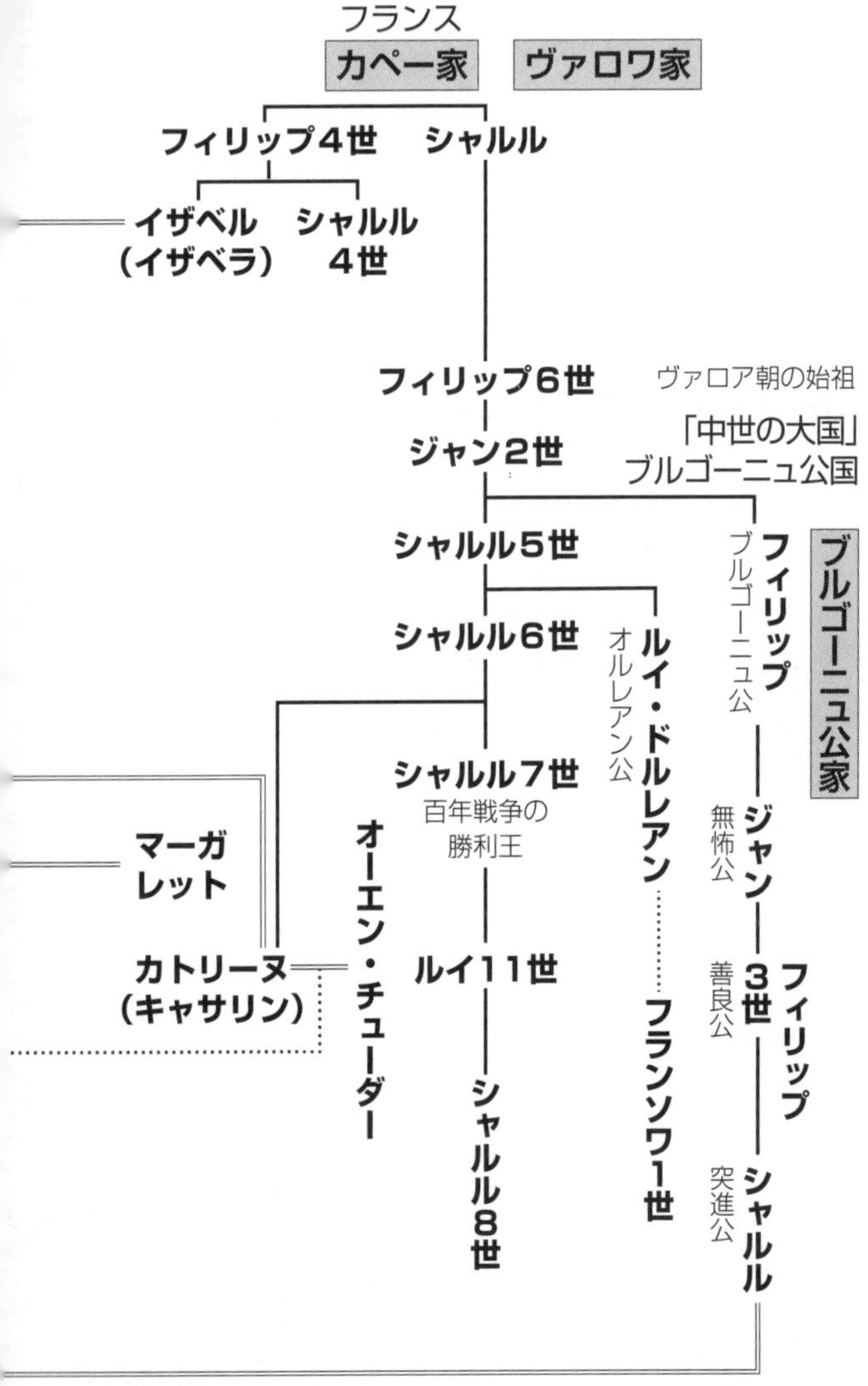
フランス
カペー家
ヴァロワ家
フィリップ4世
シャルル
イザベル
(イザベラ)
シャルル
4世
フィリップ6世
ヴァロア朝の始祖
ジャン2世
「中世の大国」
ブルゴーニュ公国
シャルル5世
フィリップ
ブルゴーニュ公
ブルゴーニュ公家
シャルル6世
ルイ・ドルレアン
オルレアン公
シャルル7世
百年戦争の
勝利王
マーガ
レット
オーエン・チューダー
ジャン
無怖公
カトリーヌ
(キャサリン)
ルイ11世
3世
善良公
フィリップ
フランソワ1世
シャルル8世
シャルル
突進公

## 英仏百年戦争

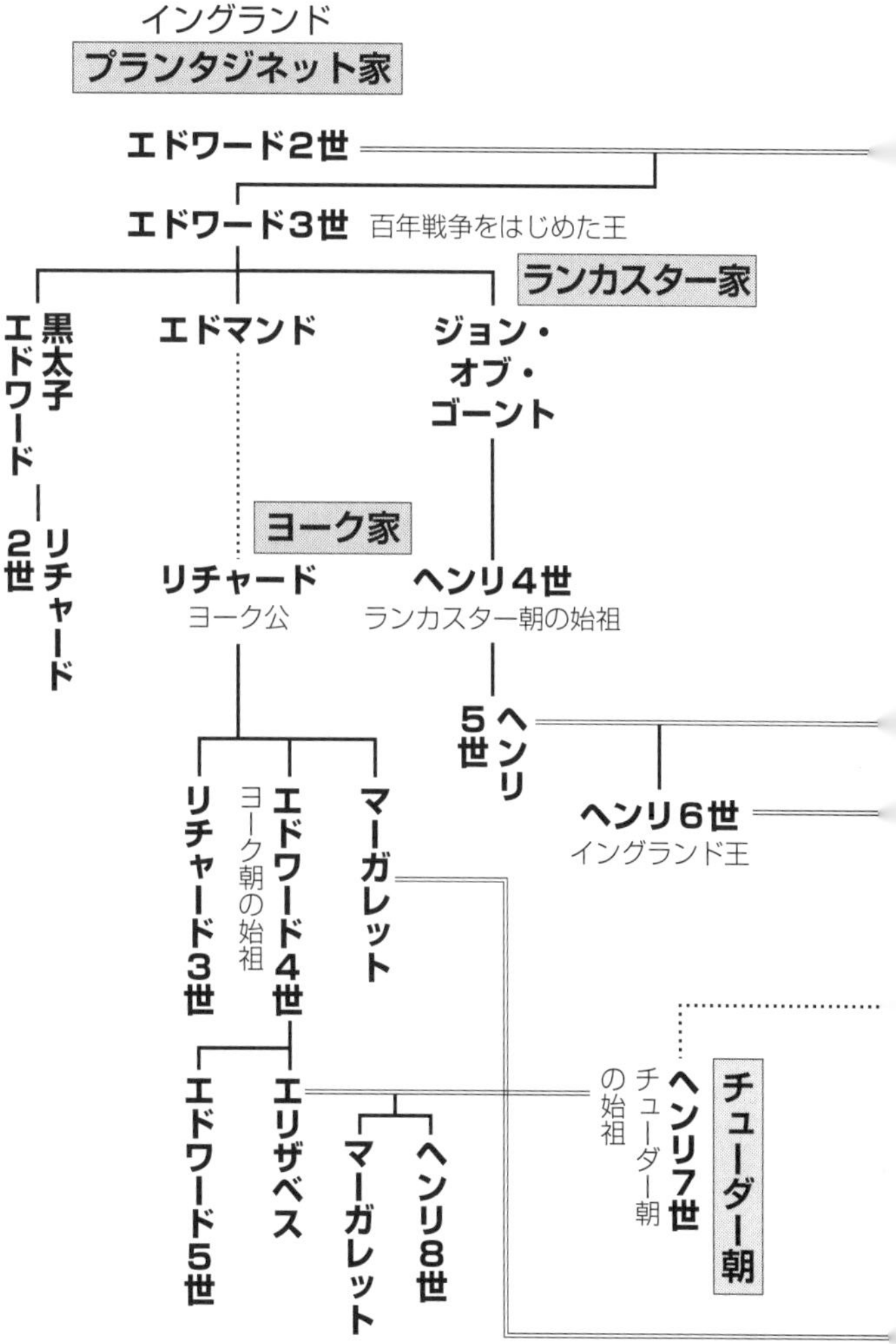
イングランド
プランタジネット家
エドワード2世
エドワード3世
百年戦争をはじめた王
ランカスター家
黒太子エドワード
エドマンド
ジョン・オブ・ゴーント
リチャード2世
ヨーク家
リチャード
ヨーク公
ヘンリ4世
ランカスター朝の始祖
ヘンリ5世
ヘンリ6世
イングランド王
リチャード3世
エドワード4世
ヨーク朝の始祖
マーガレット
エドワード5世
エリザベス
マーガレット
ヘンリ8世
ヘンリ7世
チューダー朝の始祖
チューダー朝

## なぜエドワード3世は百年戦争をはじめたのか？

1337年、イングランドとフランスの間で、百年戦争がはじまる。百年戦争は100年間延々と戦争をつづけたわけでなく、戦いのない時代もあったが、百年戦争開始に積極的に動いていたのは、プランタジネット家のイングランド王エドワード3世である。

エドワード3世には、領地拡大欲があった。もともと、イングランド王はフランスに大きな領地を有していたが、ジョン王の時代に多くを失った。けれども、歴代イングランド王にはフランスにあった領地の記憶が残り、その回復を目指した。エドワード3世の場合、それが強烈であった。

さらにエドワード3世はスコットランドを狙っていたが、スコットランドが頼りとしたのはフランス王である。フランスが強いかぎり、スコットランドの吸収は不可能であるとエドワード3世は考えた。そこから、エドワード3世はフランスに攻勢に出た。

エドワード3世には、大義名分があった。彼は、フランス王の継承者になりうる血統を有していたからだ。彼はフィリップ4世の娘イザベルの子であり、フランス・カペー王家の血を宿していたのだ。

このころ、カペー王家は断絶していた。シャルル4世が没したとき、彼に嫡子はなく、フィリップ4世の血統は国内に絶えていた。

そのため、フランスでは、1328年、フィリップ4世の弟であるヴァロワ伯シャルル（シャルル・ド・ヴァロワ）の子フィリップがフィリップ6世として即位した。これが、ヴァロワ朝のはじまりである。

たしかにフィリップ6世はフィリップ3世の血をひくことで、正統な王位継承者にあるが、もともとは傍流である。一方、エドワード3世はイングランドにありながら、フィリップ4世という直系の血をひく孫である。エドワード3世は、フィリップ6世よりも自らのほうに王位継承優先権があると唱えたのだ。

もちろん、フランス王家からすれば、イングランド王のフランス国王即位など御免である。ヴァロワ王家はエドワード3世の主張を無視したから、エドワード3世は力ずくで王位奪取にかかったのだ。

百年戦争序盤にあって、エドワード3世率いるイングランドは、戦いを優勢に進める。フランスに上陸したイングランド軍は、クレシーの戦いでフランス軍に大勝する。ポワティエの戦いでは、エドワード3世の皇太子エドワードが、フランス軍に快勝、フランス王ジャン2世（フィリップ6世の子）を生け捕りにしている。皇太子エドワードは黒い装束で身を固めていたところから、「黒太子」の異名を得ている。

捕虜となったフランス王ジャン2世は、ロンドンに送られ、ここで丁重に扱われている。当時、王家同士が戦争を行っても、王同士は殺し合いをしない。捕虜となった王にも、敬意が払われる。さらにいえば、王や貴族が捕虜になると、多額の身代金が期待できる。その意味でも、殺すわけにはいかず、ていねいに遇したのだ。

イングランド軍がフランス軍に大勝利を得ることができたのは、ロングボウ（長弓）の賜物である。ロングボウは騎士の甲冑《かっちゅう》を貫きさえもした。ロングボウが馬に当たれば、馬は痛みから大暴れもする。ロングボウの絶え間ない攻撃は、フランスの騎士たらに恐慌を起こしていたのだ。

ロングボウは、もともとはウェールズの住人の得意とする兵器であった。イングランドはウェールズとの長い戦いの間に、ロングボウを学び、わがものにしていたのだ。

こうしてイングランドはフランスを追い込むが、完全勝利とはならなかった。14世紀後半、ペスト（黒死病）がヨーロッパに上陸すると、イングランドもフランスも戦争どころではなくなった。イングランドでは黒太子エドワードが急逝、老いたエドワード3世を打ちのめした。その翌年、百年戦争をはじめたエドワード3世も没したから、戦争は中断してしまった。

## ランカスター朝の祖となったヘンリ4世

百年戦争は、イングランド王とフランス王の対決であったが、それは殲滅《せんめつ》戦ではない。ともに、敵の利用さえも考えている。それは、百年戦争にかぎった話ではないが、敵の利用の典型は、イングランドのランカスター朝の誕生が象徴している。

百年戦争の休止期間、1399年、イングランドではプランタジネット朝の王リチャード2世が廃位に追い込まれる。代わって即位したのが、ランカスター家のヘンリ4世であった。

ヘンリ4世の戴冠劇は、フランスを利用してのものである。彼は王になる以前、フランスに追放された身であり、フランスにあってリチャード2世の打倒を画策したのだ。

リチャード2世がヘンリをフランスに追放したのは、ランカスター家が邪魔であったたからだ。エドワード3世の子ジョン・オブ・ゴーントが、財力のあるランカスター公爵家を継承して以来、ランカスター家は目立ちすぎた。新たに即位したリチャード2世は、叔父であるランカスター家のジョン・オブ・ゴーントを警戒し、決闘騒ぎを起こしたことを理由に彼の子ヘンリをフランスに追いやったのだ。

ランカスター家のヘンリにとって、フランスはリチャード2世に対する策源地となった。彼はイングランド内でリチャード2世に反感を持つ諸侯と結び、そのときを待った。リチャード2世がアイルランドへの遠征に出たときが、そのチャンスであり、ヘンリはイングランドに上陸する。1399年、ヘンリの軍とリチャード2世の軍の戦いは、ヘンリの勝利に終わり、ヘンリ4世として即位する。ヘンリ4世はリチャード2世をロンドン塔に幽閉、リチャード2世は、幽閉の翌年に没している。

これがランカスター家によるランカスター朝のはじまりだが、当時、プランタジネット家からランカスター家へと王位が移ったという認識はなかった。ランカスター朝の名がつくのは、このの5「薔薇《ばら》戦争」と呼ばれた内戦で、ランカスター家の王がヨーク家の王たちと戦ったところからだ。ヨーク朝の王と区別するために、ランカスター朝と呼ばれるようになったのだ。

## フランス王になりそこねた
## イングランド王ヘンリ5世

百年戦争の第2ラウンドは　イングランド・ランカスター朝のヘンリ5世がはじめる。彼は、ランカスター朝の始祖ヘンリ4世の子であった。

ヘンリ5世のイングランドは、フランスに攻勢を仕掛け、イングランド軍はアザンクールの戦いで快勝する。1419年、イングランド軍はパリに迫り、フランス王シャルル6世を圧迫した。シャルル6世は、これに耐えきれず、1420年にヘンリ5世とトロワ条約を交わさざるをえなかった。

トロワ条約は、ヘンリ5世を高笑いさせるものだった。同条約によって、ヘンリ5世はフランス王位の次期継承権を手に入れ、さらに現フランス王シャルル6世の国王代理としての権限も得た。

ヘンリ5世はシャルル6世の娘カトリーヌ（キャサリン）と結婚、2人の間にはヘンリが生まれた。シャルル6世が没したのち、ヘンリ5世か彼の子ヘンリがフランス王位に就く道筋ができていた。イングランド王ヘンリ5世が、フランス王としてフランスを統治する日はすぐそこにあるかにも思えた。

　けれども、ヘンリ5世はトロワ条約の2年後にパリ近郊で病死してしまう。まだ30代半ばの若さであった。

　このあと、ヘンリ5世につづくかのように、フランス王シャルル6世も没する。トロワ条約に従い、ヘンリ5世の子ヘンリはフランス王位に就き、イングランド王としてはヘンリ6世になる。

　ヘンリ6世は形の上ではフランス王、イングランド王を兼ねた「巨人」のように映るが、実質は「無力の人」であった。彼は精神疾患に苦しみ、政治どころではなかった。フランスでは「なかった王」として扱われ、イングランドではヨーク家のエドワード4世に王位を奪われたのち、幽閉死している。

　ちなみに、ヘンリ5世の后となったキャサリン（フランス王シャルル6世の娘）は、ヘンリ5世の死後、イングランドの貴族オーエン・チューダーと結婚している。2人の間の孫が、のちのチューダー朝の祖ヘンリ7世だ。

## 百年戦争の帰趨を決めたのは
## ブルゴーニュ公国の君主だった？

15世紀前半のフランスの勢力図

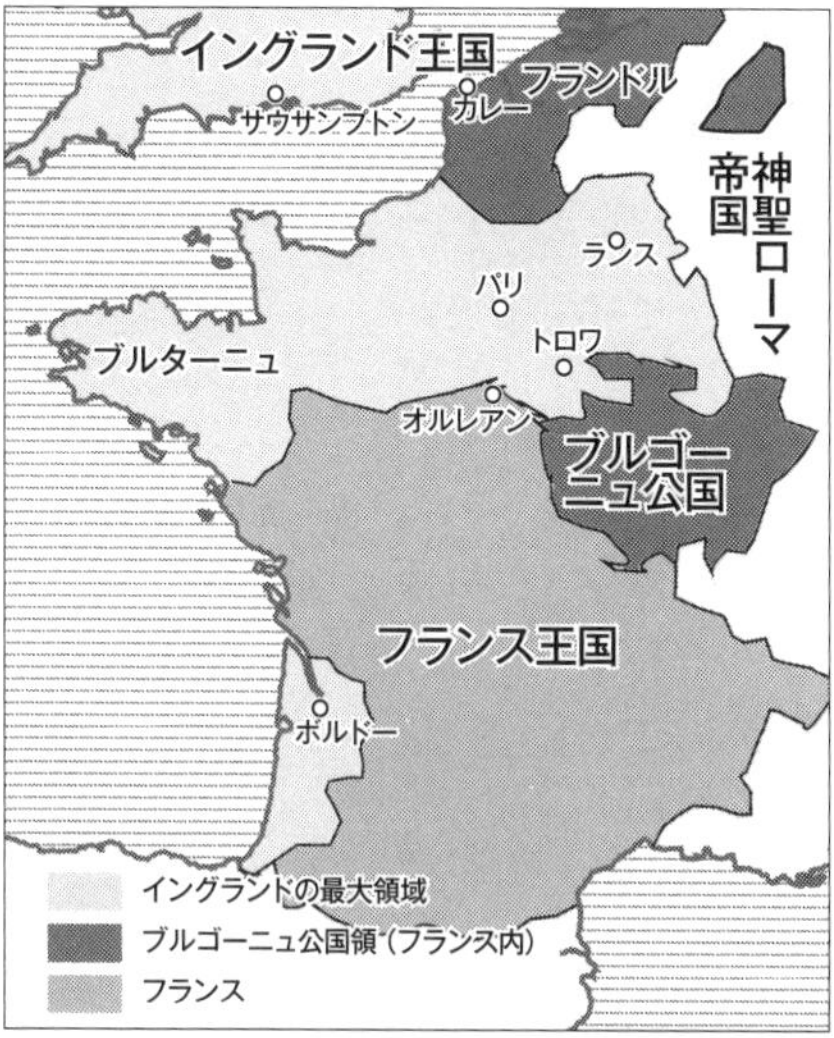


ヘンリ5世のイングランドがシャルル6世のフランスを圧倒できた一つの理由は、ブルゴーニュ公が味方となってくれたからだ。ブルゴーニュ公はフランス王の家臣でありながら、フランス王に味方せず、イングランド王と手を組んだのである。

ブルゴーニュというと、世界的にはワインの名産地として知られるものの、フランスの田舎という印象が強い。けれども、ブルゴーニュ地方は中世まで侮れない地域であった。ブルゴーニュにあったクリュニー修道院は、教会改革の旗手になってきたし、百年戦争のころのブルゴーニュ公国はヨーロッパ世界で屈指の豊かさを誇る「中世の大国」だった。

もともと銘醸ワインの産地であることから豊かなうえ、ブルゴーニュの北にはフランドルがある。フランドルは毛織物工業で栄え、15世紀、ブルゴーニュ公国はフランドル、ルクセンブルク、ロレーヌ地方までも有していたから、けっして小国ではない。15世紀、オーストリアのハプスブルク家が浮上していくのも、ブルゴーニュ公家との結婚が大きかった。ブルゴーニュの宮廷には優雅で繊細な文化があり、ファン・エイク兄弟らのフランドル派の画家が活躍していた。さらにはネーデルラント楽派の音楽も奏でられていたから、文化的洗練でもフランスを凌いでいた。

中世のブルゴーニュ公国は、百年戦争のさなか、１３６０年代に成立している。フランス・ヴァロワ朝の国王シャルル5世が、弟フィリップをブルゴーニュ公に封じたのだが、フランス王との仲はけっしてよくなかった。一方、イングランドとの関係はといえば、イングランド産の羊毛はフランドルの毛織物工業に欠かせず、険悪ともいえなかった。

ブルゴーニュ公国がイングランドに与《くみ》したのは、当時のフランス宮廷の内紛からでもある。精神を病んでいたシャルル6世の時代、誰が実際にフランスを動かすかで、権力闘争があった。もともとシャルル6世の叔父にあたるブルゴーニュ公フィリップがよく政治をみたが、シャルル6世の弟であるオルレアン公が台頭すると、両者は対立を深めた。

それは暗殺合戦となり、ブルゴーニュ公ジャン「無怖公」（始祖フィリップの子）は王弟オルレアン公を暗殺する。ブルゴーニュ派に反発する勢力はアルマニャック派として団結、アルマニャック派の王太子シャルル（のちのシャルル7世）が、今度はブルゴーニュ公ジャンを暗殺してしまう。

父ジャンを殺されたブルゴーニュ公フィリップ3世「善良公」は、次期王候補のシャルルをゆるせなかった。そこから、イングランドのヘンリ5世と結び、アルマニャック派を打倒し、イングランドのヘンリ5世をフランス王に推戴さえしようとしていたのだ。ブルゴーニュ公国を味方につけたおかげで、ヘンリ5世は優位に戦いを進められたのだ。先のトロワ会議では、ブルゴーニュ公の働きによって、シャルルの王位継承権は否定もされている。

## フランス王シャルル7世が<br>イングランドに勝利できた秘密

イングランド王ヘンリ5世が没してのち、フランスの国土は実質、3分割された状態となる。北部を統治したのは、イングランドである。一方、フランス南部にあって、イングランドに抵抗していたのが、ヴァロワ家のシャルル6世の子シャルル（のちのシャルル7世）だ。東部を勢力圏としたのは、ブルゴーニュ公フィリップ3世「善良公」である。ブルゴーニュ公は、イングランド王と結びついていた。

こうしたなか、イングランドはフランス南部の征圧にかかる。南下したイングランドは、ロワール川中流域のオルレアン（81ページ）を攻囲する。オルレアンが陥落するなら、シャルルは苦しくなるが、ここで登場したのがジャンヌ＝ダルクだ。彼女はシャルルがランスで戴冠すると預言し、オルレアンに入城、オルレアンの包囲を解いた。ジャンヌ＝ダルクの奇跡的な奮戦もあって、シャルルは北上、ランスでシャルル7世として即位した。

ただ、ジャンヌ＝ダルクの活躍もここまでだった。彼女はブルゴーニュ公の軍に捕らえられ、イングランド軍に引き渡される。イングランド軍は、彼女を処刑してしまった。

このあと、英仏百年戦争は最終段階を迎える。１４３５年、フランス国王シャルル7世はブルゴーニュ公フィリップ3世とアラスの和約を結ぶ。和議にあっては、フランス王シャルル7世は、自らの手によるブルゴーニュ公フィリップ3世の父ジャン暗殺を謝罪し、ブルゴーニュ公のフランス王への臣従を免除もしている。

それは、ブルゴーニュ派をイングランドから引き剥がし、アルマニャック派との対立を解消させるものであった。これによってシャルル7世はイングランドに優位に立ち、1453年に百年戦争を終結させた。イングランドに残されたフランスの土地はカレーのみとなり、イングランドの勢力の多くを叩き出すことに成功したのだ。

## ⊙コラム⊙ヨーロッパでは庶子には王位の相続権はなかった

ヨーロッパの王家の歴史を理解していくとき、知っておきたいのは、王位継承の決まりごとである。一つには、ヨーロッパでは、正室の子、つまり嫡子のみが王位を相続できることだ。愛人との間の子、つまりは庶子には継承権はない。

中国や日本では、側室の子にも継承権がある。中国では皇帝の血さえ流れていれば、庶子であっても皇帝になれるのだが、ヨーロッパでは基本的に庶子は王になれないのだ。

また、ヨーロッパの少なからぬ国では、「サリカ法典」に基づき、男系のみが王位を継承できるとしている。サリカ法典とは、フランク人のサリー族による法であり、女性の土地相続を否定している。これを拡大解釈して、女系に王位継承権はないとしているのだ。これに忠実であろうとしたのがフランスであり、逆に、フランス人とは別系統のイングランドの場合は、女系でも王位を継承できるとしている。ゆえに、エリザベス1世、2世のような「女王」も登場する。

百年戦争が起きたのは、イングランド王がフランスの王位の継承を主張したためだが、イングランド王エドワード3世はフランス・カペー家の女系である。女系のイングランドでなら、この主張は認められても、男系のフランスでは基本的に認められない。これに懲りたフランスでは、百年戦争後、サリカ法典をもとに、男系継承を強化している。

## ランカスター家とヨーク家の争いの果てに誕生したチューダー朝

英仏百年戦争終結の2年後、1453年からイングランドでは内戦に突入する。そのおよそ30年に及ぶ内戦は、後世、「薔薇戦争」の名で呼ばれる。

薔薇戦争は、イングランド王位を巡るランカスター家とヨーク家の争いである。その内戦に最終的に勝利したのは、ヨーク家でも、ランカスター家の主流でもなく、傍流のチューダー家であり、新たにチューダー朝が始動することになる。

内戦の遠因は、ヘンリ6世の精神疾患にある。まともに政治をできないヘンリ6世に代わって、実権を得ようとして対立したのが、ヘンリ6世の妃マーガレットとヨーク公リチャードである。リチャードは、プランタジネット王家のエドワード3世の曾孫に当たる。

マーガレットとヨーク公リチャードの対立は、宮廷闘争を超え、内戦となる。内戦にあって、リチャードは戦死、代わってヨーク家を継いだエドワードが反撃、ランカスター家の勢力を打ち破り、エドワード4世として即位する。これが、ヨーク朝のはじまりだ。

けれども、マーガレットとヘンリ6世のランカスター派も逆襲に転じ、いったんはヘンリ6世が復位する。幽閉されたエドワード4世が脱出ののち頼ったのは、ブルゴーニュ公である。彼の妹マーガレット（マルグリット）の結婚相手が、ブルゴーニュ公シャルル「突進公」だったからだ。「突進公」は、ブルゴーニュ公国の全盛期を築いたフィリップ3世「善良公」の子である。

ブルゴーニュ公から得た軍資金を元手に、エドワード4世は新規まき直しをはかる。彼はブリテン島に復帰、ランカスター派の軍を破り、王に返り咲いている。百年戦争の帰趨《きすう》を決めたブルゴーニュ公は、イングランドの内戦にも影響力を及ぼしていたのだ。

エドワード4世の死没ののち、跡を継いだのは彼の子エドワード5世だが、彼はまだ12歳であった。今度は、ヨーク朝の内部から王位簒奪者が現れる。1483年、エドワード5世に代わって即位したのは、彼の叔父リチャード3世であった。リチャード3世は、エドワード5世を幽閉。エドワード5世のその後はわかっていない。

そのリチャード3世の前にも、王位簒奪者が現れる。ランカスター派のリッチモンド伯ヘンリ・チューダーである。彼は、ヨーク派に支持をとりつけるべく、エドワード4世の娘エリザベスとの婚約に成功していた。

ヘンリを後押ししたのは、フランスのヴァロワ朝のルイ11世である。すでに述べたように、ヨーク朝のエドワード4世の妹マーガレットは、ブルゴーニュ公シャルルのもとに嫁いでいた。その血縁関係から、ブルゴーニュ公はヨーク朝の王を支援していた。これに対し、ブルゴーニュ公と何かと対立するフランス王ルイ11世は、ヘンリを支援したのだ。

ヘンリ・チューダーはフランスで勢力を養い、1485年、ブリテン島に上陸、ボズワースの戦いでリチャード3世の軍を破る。リチャード3世は戦死し、ヘンリ・チューダーはヘンリ7世として即位する。これにより、広義のプランタジネット朝が終わり、チューダー朝がはじまる。

ヘンリ・チューダーの勝因は、フランス王の支援があったこともあるが、ウェールズ人の支持があったことも大きい。ヘンリは、イングランドのランカスター家の血をひいているものの、傍流にすぎない。系図をたどれば、ランカスター家のジョン・オブ・ゴーント（ヘンリ4世の父）の曾孫に当たる程度だ。その一方、ヘンリのチューダー家は、ウェールズの王族に連なるとされる。彼は自らがウェールズ人であることを訴え、軍旗にはウェールズの象徴である紅いドラゴンを描いた。イングランドに屈していたウェールズ人にとって、ヘンリ・チューダーはウェールズ復興のシンボルにもなっていたのだ。

チューダー朝成立までの内戦が薔薇戦争と呼ばれるのは、ランカスター家が赤い薔薇、ヨーク家が白い薔薇を徽章《きしょう》としたところからだ。当時は、薔薇戦争と呼ばれることはなかったが、19世紀、作家のウォルター・スコットがこう呼んだところから、定着するようになった。チューダー朝の開祖ヘンリ7世は、紅白の薔薇を組み合わせた徽章を定め、ランカスター派とヨーク派の宥和《ゆうわ》を進めている。

英仏百年戦争、薔薇戦争を経て、フランスとイングランドで進行したのは、騎士階級、つまり貴族の弱体化である。彼らは、打ちつづく戦争で疲弊してしまった。大砲の登場は、騎士の時代を終わらせようともしていた。こうして貴族階級が力を失いはじめ、代わって王が力を伸張させはじめる。ヨーロッパに、強力な王が現れる時代がはじまろうとしていた。

## ボヘミアでのフス戦争で権威を低下させていた神聖ローマ皇帝

イングランドとフランスが百年戦争を戦っていた時代、ドイツ（神聖ローマ帝国）で進行していたのは、神聖ローマ皇帝の弱体化である。神聖ローマ皇帝は、ボヘミア（ベーメン、チェコ）で大きな力を得ながらも、そのボヘミアで大きく躓《つまず》き、権威を弱めてしまったのだ。

ボヘミアのプラハが大きく勃興するのは、1310年にルクセンブルク家の神聖ローマ皇帝ハインリヒ7世の子・ヨハンを王に迎え入れてのちだ。ヨハンは、騎士道を貫こうとするような男であり、ボヘミアの領域を拡大させる。彼はボヘミア繁栄の基盤をつくったものの、英仏百年戦争でフランス・ヴァロワ家側に与して参戦、クレシーの戦いで戦死している。

ヨハンの戦死を受けて、新たにボヘミア王となったのは、彼の子カレル1世だ。カレル1世は神聖ローマ皇帝（ドイツ王）に選ばれ、神聖ローマ皇帝としてはカール4世を名乗った。カール4世は、プラハに中欧最初の大学を設立、ボヘミアの繁栄に尽力する。彼のあった時代、プラハは栄え、神聖ローマ帝国の都となっていた。ルクセンブルク家のボヘミアでは、その先進的文化から、宗教改革者の先駆ヤン・フスが登場しようとしていた。

ただ、1378年にカレル1世が没したのち、彼の子ヴェンツェル（兄）やジギスムント（弟）の時代に、ボヘミアは大混乱をはじめる。一つには、オスマン帝国の脅威が増大していたからだ。アナトリア（現在のトルコ共和国のアジア部分）に勃興したオスマン帝国は、1389年、セルビア・ボスニア・ワラキア連合軍をコソヴォの戦いで破る。この時代、ルクセンブルク家のジギスムントはハンガリー王であり、オスマン帝国の脅威に大胆に対処した。それが、ニコポリス十字軍となる。ニコポリス十字軍は、ドイツ、フランス、イングランド、イタリアなどの騎士からなったが、1396年、ニコポリス（現在のブルガリア北境）の戦いでオスマン帝国のバヤジット1世軍に粉砕される。

セルビアに関していえば、14世紀前半、ステファン・ドゥシャン王の時代、全盛期にあった。アルバニア、マケドニアとバルカン半島の南部に勢力圏を得て、「セルビア人・ギリシャ人の皇帝」を自称するほどになった。セルビアはビザンツ帝国に取って代わろうとさえしていたが、オスマン帝国の前に吸収されていったのだ。

旭日のオスマン帝国だったが、その後、ティムール（現在の中央アジアからイランにかけて支配したイスラム王朝）に完敗し、一時は勢いを失う。それでもなお、神聖ローマ帝国皇帝となったジギスムントは、オスマン帝国の脅威に対処するため、１４１４年からコンスタンツ公会議を開いている。

コンスタンツ公会議の最大目的は、教会大分裂（シスマ）を収拾するためであった。当時、複数のローマ教皇が乱立し、カトリック世界はオスマン帝国に対して協力体制を築けなかった。神聖ローマ皇帝ジギスムントは、オスマン帝国に対処するためにも、リーダーシップのある統一教皇を求めていた。

コンスタンツ公会議によって教会大分裂には終止符が打たれるが、コンスタンツ公会議はボヘミアに大きな禍根を残すものでもあった。公会議にあって、ボヘミアの宗教改革者ヤン・フスを異端と断じ、火刑に処したのだ。

ジギスムントは、コンスタンツ公会議開催にあたって、フスの身の安全を保証する通行許可証を交付していた。にもかかわらず、フスは処刑されてしまったのだから、ボヘミアのフス派は激怒した。

ジギスムントの兄ヴェンツェルはボヘミア王の座にあったが、フス派の怒りに対処しきれず、発作を起こして死亡している。代わってボヘミア王となったジギスムントだが、ボヘミア入りはならず、彼はボヘミアに十字軍を送り込む。

1419年、ボヘミアではじまったフス戦争は、神聖ローマ皇帝ジギスムントの連敗つづきとなる。結局のところ、フス派の分裂もあって、1436年にフス戦争が終わる。繁栄していたボヘミアは疲弊し、神聖ローマ皇帝の地位は低迷していったのだ。

## スイス農民に屈しつつも、ドイツ王の座を手にしたハプスブルク家

ボヘミアの繁栄に寄与した神聖ローマ皇帝カール4世の時代、ドイツでは国王選挙のためのシステムが整えられ、ドイツ国王を選ぶ7人の選帝侯の地位が高まった。ドイツ王を決める選帝侯は世襲であり、マインツの大司教、ケルンの大司教、トーリアの大司教、ボヘミア王、ブランデンブルク辺境伯（のちにプロイセン王国形成の中核となる）、ザクセン侯、ライン宮廷（プファルツ）伯の7名である。

フス戦争で無能をさらしたルクセンブルク家の神聖ローマ皇帝ジギスムントが1437年に死没したとき、新たに選出されたのは、ハプスブルク家のアルブレヒト2世である。

ひさかたぶりのハプスブルク家の王だが、アルブレヒト2世の場合、ジギスムントの娘婿であったところから、お鉢が回ってきたようなものだ。

重要なのは、アルブレヒト2世が有能だから、神聖ローマ皇帝に選出されたわけではないことだ。むしろ、無能と思われたからだ。アルブレヒト2世がすぐに死亡したのち、同じくハプスブルク家のフリードリヒ3世が選出されるが、これまたさしたる能力はないと思われたからだ。

選帝侯たちは、強い国王を望まなかった。彼らの権限を制限しそうな、強力なドイツ王の登場など御免であった。ドイツでは選帝侯らが自らの力を高めようとし、諸侯の独立色が強まり、選帝侯に左右されるドイツ王（神聖ローマ皇帝）は求心力を失っていたのだ。

けれども、アルブレヒト2世、フリードリヒ3世の皇帝選出を機に、ハプスブルク家による皇帝独占がはじまる。それは偶然にもよるが、ハプスブルク家がそこに至るまでには、苦難の連続があった。

たしかに、ドイツで1273年にハプスブルク家のルドルフ1世がドイツ王に即位し、「大空位時代」を終わらせたこともあった。つづいて、ルドルフの子アルブレヒトもドイツ王に選出されるが、彼は土地問題で甥に暗殺されてしまった。以後、ハプスブルク家からのドイツ王は途絶えてしまった。

14世紀、ハプスブルク家はたびたびの屈辱を味わっている。ハプスブルク家は出身地であるスイス地方を統治していたが、スイスの農民らはハプスブルク家の支配を嫌った。1291年、スイスではウーリ、シュヴィーツ、ウンターヴァルデンの3邦が盟約を交わし、反ハプスブルクに動く。

これに対してハプスブルク家の者らは、徹底弾圧をはじめたが、1315年、モルガルテン湖畔の戦いでスイス農民に完敗を喫した。これまで堅牢な甲冑で身を固めた騎士相手に、農民がどう挑もうと勝ち目がないとされた。が、スイスの農民たちはモルガルテン湖畔の隘路《あいろ》を利用して、騎士に挑戦した。無敵であるはずの騎士が、農民に敗れた初めての戦いであった。

つづいて、1386年、ゼンパッハ（ゼンパハ）の戦いで、ハプスブルクの騎士たちはまたもスイス農民に敗れる。この戦いで、ハプスブルク家の当主オーストリア公レオポルト3世も、戦死している。

ハプスブルク家はスイスでたびたび敗北し、スイスでの統治を失っていく。スイスは1499年のシュワーベン戦争によって事実上の独立を果たす。ハプスブルク家は完全にスイスを追われ、東田舎のオーストリアを本拠とせざるをえなかった。反ハプスブルク闘争の過程で、スイスでは英雄ウィリアム・テル伝説が創出され、ハプスブルク家は完全に悪役となった。だが、それでもハプスブルク家は持ちこたえた。

15世紀、からきしダメなハプスブルク家の者らが神聖ローマ皇帝の座を得るようになったのは、彼らがスイス農民に敗れるほど弱かったからだろう。フリードリヒ3世は、ゼンパッハの戦いで戦死したレオポルト3世の孫に当たる。その記憶から、フリードリヒ3世は、人畜無害のうだつのあがらぬ男と見なされたようだ。

しかも、フリードリヒ3世の時代、オーストリアはハンガリー王マーチャーシュによって、かなりの領土を切り取られてしまう始末であった。だからこそ、能力のある王を望まない選帝侯たちは、けっして力を得ることのなさそうなフリードリヒ3世を推したのだ。ただ、皮肉なことに、軍事的な弱さこそが、ドイツ王としてのハプスブルク家の強みになろうともしていたのだ。

## リトアニア＝ポーランド連合王国の巨大化

13世紀、ポーランドやハンガリーは、モンゴル帝国の襲来によって、大きなダメージを負った。レグニーツァ（ワールシュタット）の戦いではポーランドは歴史的な大敗北を喫したが、その後、強い統一を模索するポーランドはリトアニアと連合する。

中世、リトアニア大公国は北方で強盛にあり、ときにロシアにも版図を広げようとさえしていた。リトアニア人たちはいまだキリスト教に入信していなかったが、1386年、リトアニア大公ヤガイラ（ヤゲロー）と、ポーランド女王の結婚が成立する。このとき、ヤガイラはカトリックに改宗、リトアニアのカトリック化がはじまった。ヤガイラはポーランドではヴワディスワフ2世となり、リトアニア＝ポーランド王国によるヤゲロー（ヤゲヴォ）朝がはじまった。

リトアニア＝ポーランド連合王国の誕生は、周辺の脅威に共同で対抗するためである。当時、東方ではいまだモンゴル人たちが脅威になっていたし、西からはドイツ騎士団（ドイツ騎士修道会）の圧迫があった。ドイツ騎士団はもともとエルサレムへの十字軍であったが、エルサレムでの戦いが行き詰まると、戦いの場を北ドイツ方面に移した。彼らは東方（いまのポーランドからリトアニアの一部）に新たな領邦を開拓、ドイツ人を入植させていた。

1410年、リトアニア＝ポーランド王国はポーランド北東のグルンヴァルト（タンネンベルク）でドイツ騎士団と激突する。中世最大の会戦といわれるこの戦いに、リトアニア＝ポーランド王国は勝利し、ドイツ騎士団を衰退に追いやっている。

また、ヤゲロー家の者が、ハンガリー王、ボヘミア王となった時代もあり、ヤゲロー王朝の領域は拡大した。だが、ヤゲロー家は圧倒的な王家であったわけではなく、東欧では貴族の力が強かった。ヤゲロー朝は強力な統一体制を維持できず、解体に向かっている。

## ナポリを奪ったアラゴン王アルフォンソ5世の野望

15世紀、イタリアではルネサンスが完全開花し、イタリアはヨーロッパ文化の中心地となる。そのイタリアには、強い王の存在はなく、おもに都市国家が繁栄した。イタリアでは、ミラノ、ヴェネチア、フィレンツェ、ローマ教皇領、ナポリ王国が競った。

もっとも文化的に洗練されていたフィレンツェで、「王」然としたのは、メディチ家である。フィレンツェは共和制にあったが、ロレンツォが当主の時代になると、メディチ家支配が決定的になる。のちにトスカナ大公となるメディチ家には、王家への道が拓かれつつあった。

15世紀、ナポリ王国では王家の交代劇が起きている。13世紀、フランスのカペー王家に連なるシャルル＝ダンジューの登場によって、ナポリ王国はフランス出自のアンジュー家の支配がつづいた。けれども、15世紀半ば、アンジュー家の女相続人には嗣子がなく、アンジュー家は断絶する。これをチャンスと見たのが、イベリア半島のアラゴン王家のアルフォンソ5世である。

すでに述べたように、アルフォンソ5世のアラゴン王国は、イベリア半島のみならず、すでにシチリア、サルデーニャも支配していた（64ページ）。アルフォンソ5世には、地中海帝国の野望があり、ナポリ王国の獲得に動いたのだ。

アルフォンソ5世の野望に対して、ミラノ、ジェノヴァ、ヴェネチア、フィレンツェなどの都市国家が反対する。アルフォンソ5世は一時はミラノの捕虜となったが、最後には奇襲によってナポリを占領する。イタリア半島には、イベリア半島国家の影響力が強まることとなった。

アルフォンソ5世ののち、ナポリ王となったのは、彼の庶子フェルディナンド（フェランテ）1世である。彼には、逸話がある。フィレンツェのメディチ家のロレンツォとローマ教皇シクストゥス4世が対立したときだ。シクストゥス4世はロレンツォ打倒を叫び、これにフェルディナンド1世が共鳴する。フェルディナンドはナポリ王国軍を率いて、フィレンツェに進軍しようとしたが、このときロレンツォは単身、ナポリに乗り込み、談判する。ロレンツォに魅了されたフェルディナンドは、進軍をとりやめている。

アルフォンソ5世のナポリ王国強奪は、その後、イタリア・ルネサンス崩壊の遠因になっている。というのも、フランスのヴァロワ家の王たちに、ナポリ王国はフランス王家に連なるものであるとの記憶が残ったからだ。これが、1494年、フランス王シャルル8世の軍のイタリア侵攻を招き、以後、フランス王はイタリアの富に魅せられ、そこにハプスブルク家の神聖ローマ皇帝軍までも登場、イタリアは外国軍に荒らされる運命をたどる。

4章

# ハプスブルク家とブルボン家が滅ぼしたイタリア・ルネサンス

## 王家の婚姻戦略が一変させたヨーロッパの勢力地図

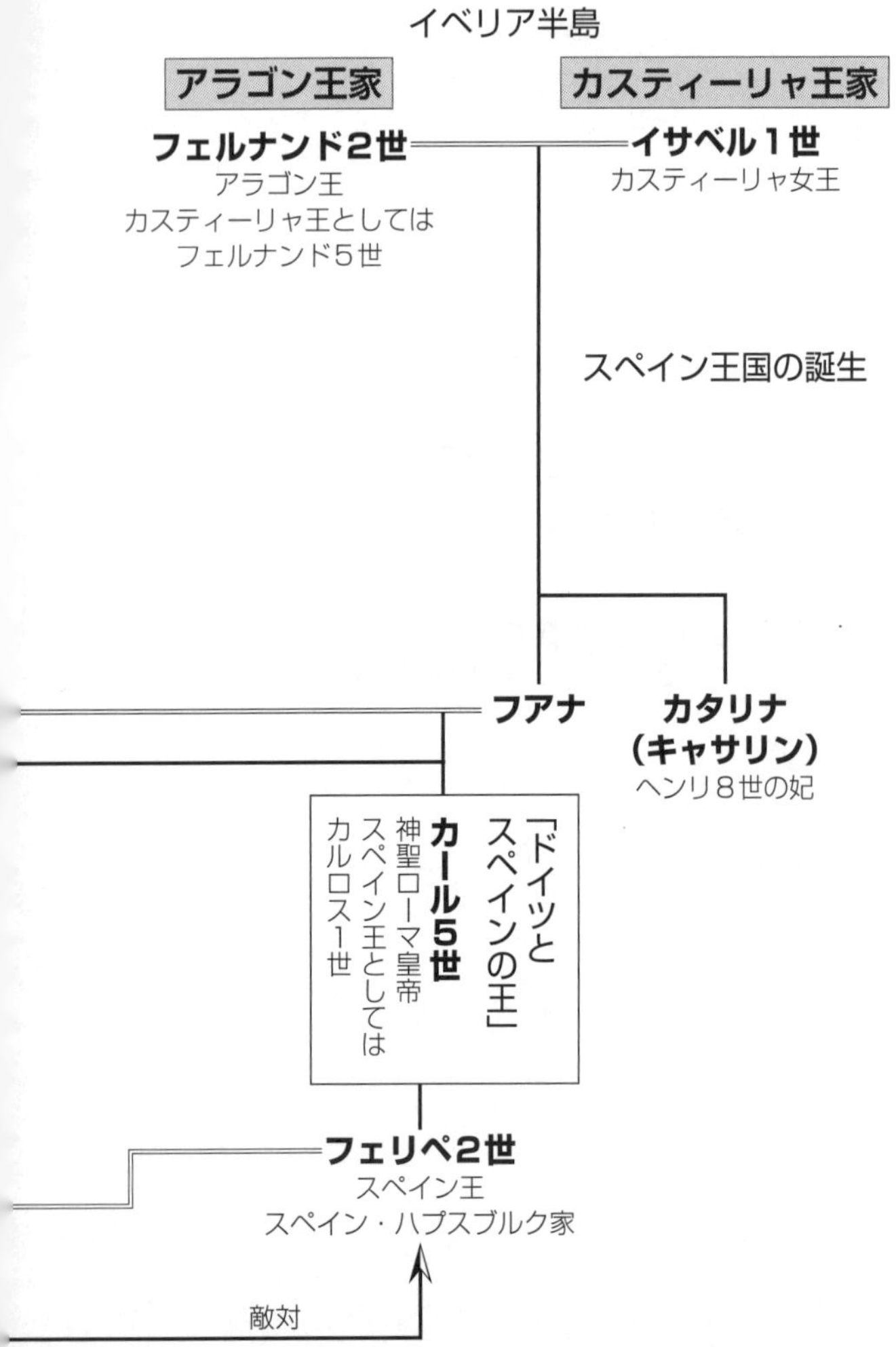
イベリア半島
アラゴン王家
カスティーリャ王家
フェルナンド2世
アラゴン王
カスティーリャ王としては
フェルナンド5世
イサベル1世
カスティーリャ女王
スペイン王国の誕生
フアナ
カタリナ
(キャサリン)
ヘンリ8世の妃
「ドイツとスペインの王」
カール5世
神聖ローマ皇帝
スペイン王としては
カルロス1世
フェリペ2世
スペイン王
スペイン・ハプスブルク家
敵対

## ハプスブルク家の台頭

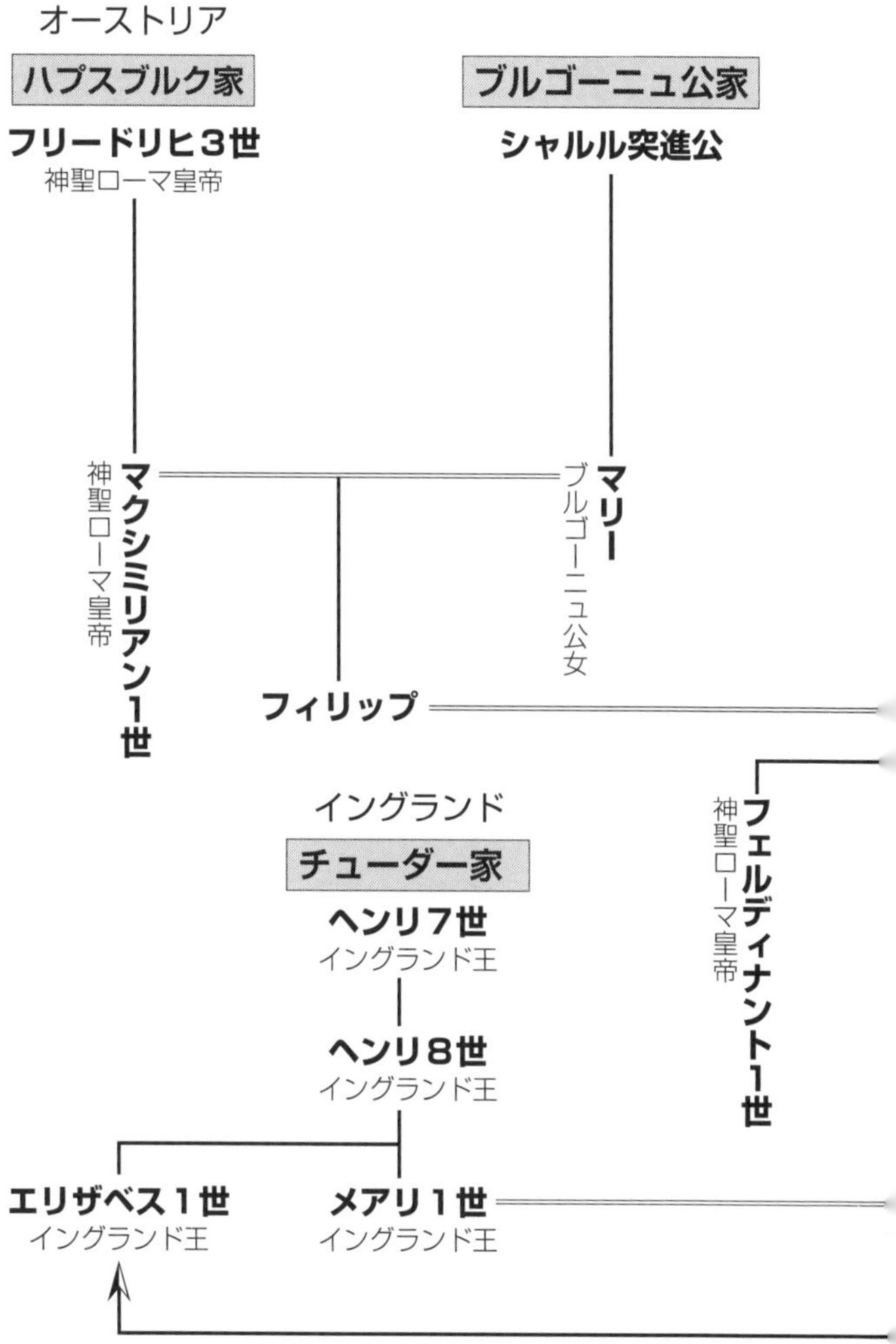
オーストリア
ハプスブルク家
フリードリヒ3世
神聖ローマ皇帝
ブルゴーニュ公家
シャルル突進公
マクシミリアン1世
神聖ローマ皇帝
マリー
ブルゴーニュ公女
フィリップ
フェルディナント1世
神聖ローマ皇帝
イングランド
チューダー家
ヘンリ7世
イングランド王
ヘンリ8世
イングランド王
エリザベス1世
イングランド王
メアリ1世
イングランド王

## ブルゴーニュ公の娘との結婚で浮上したハプスブルク家

16世紀、ヨーロッパの国家は王家の婚姻を利用して、これまでになく大型化する。王家同士の婚姻はそれまでにもあったが、王権の強くなっていた15〜16世紀、婚姻はこれまでにない威力を発揮するようになった。

婚姻によって勢力を増強させた典型は、オーストリアのハプスブルク家と、スペインのアラゴン王家、カスティーリャ王家である。

ハプスブルク家を浮上させたのは、ブルゴーニュ公家との婚姻である。1477年、ハプスブルク家の後継者マクシミリアンと、ブルゴーニュ公シャルル「突進公」の娘マリーの結婚が成った。

いまの感覚では、名家ハプスブルク家が小国ブルゴーニュの田舎娘と結婚したかのようなイメージがあるが、当時はその反対であった。当時、ブルゴーニュ公国は最盛期にあり、アルプス以北ではもっとも文化が進み、洗練されていた。一方、オーストリアといえば野蛮な田舎であり、マクシミリアンの父フリードリヒ3世が神聖ローマ皇帝とはいっても、名ばかりに等しかった。

マクシミリアンの父フリードリヒ3世が狙ったのは、ハプスブルク家の強化と富国ブルゴーニュからの文化吸収であったろう。一方、ブルゴーニュ公シャルルには、野心があった。彼は、王、さらには皇帝になりたいという欲望があったのだ。いかにブルゴーニュが豊かな国であれ、しょせんは公国である。シャルルは公国の君主にすぎず、どう足掻《あが》いても王を名乗れない。

一方、ハプスブルク家のフリードリヒ3世は、その実力はともかく、名誉あるドイツ王、神聖ローマ帝国皇帝である。ハプスブルク家と婚姻関係を結ぶなら、「突進公」シャルルは、自らに王や皇帝の座が開けてくるかもしれないと夢想したようだ。

これはシャルルの妄想でしかないのだが、いずれにせよハプスブルク家とブルゴーニュ公家の結婚は、ハプスブルク家の歴史を変える。結婚の半年のち、シャルルはフランスとの戦いで戦死、代わってブルゴーニュ公国を支えたのがマクシミリアンだった。

ちなみに、シャルルを戦死させたのは、フランスに雇われたスイス人傭兵《ようへい》たちであった。かつてハプスブルク家に抗してきたスイス人たちは傭兵化し、その実力を見せたのだ。

マクシミリアンのブルゴーニュ統治によってはじまったのは、ハプスブルク家の文化的洗練である。ブルゴーニュの優雅な宮廷文化が、ウィーンへと移植されはじめたのだ。のちの「音楽の都」ウィーンは、ここからはじまっているといっていい。

ブルゴーニュ公国を率いたマクシミリアンは、この地で統治の実績を示した。マクシミリアンに対抗しようとしていたのは、フランス王ルイ11世である。彼は、ブルゴーニュが大国化することを望まなかった。ルイ11世はブルゴーニュに属していたネーデルラントでの内乱をそそのかしてもいたが、「中世最後の騎士」ともいわれるマクシミリアンは、領土を守りきった。

このマクシミリアンの能力を評価したのが、ドイツの選帝侯たちである。弱いドイツ王を望みつづけた選帝侯たちだが、ここにきて強いドイツ王、神聖ローマ皇帝を切望しはじめたのだ。ハンガリーのマーチャーシュ王はドイツ領に侵攻を繰り返していたし、オスマン帝国がふたたび巨大化をはじめていた。1453年にコンスタンティノープルを陥落させたオスマン帝国はバルカン半島に狙いを定めていた。この脅威に対して、ブルゴーニュを統治してきたマクシミリアンなら対処できると期待されたのだ。マクシミリアンは、ドイツ王に推戴され、マクシミリアン1世となる。ハプスブルク家は、信頼に値するドイツ王でもあれば、豊かなブルゴーニュの支配者にもなっていたのだ。

## アラゴン王家とカスティーリャ王家の結婚で生まれたスペイン

婚姻による巨大な王国づくりは、イベリア半島でも生まれていた。15世紀、イベリア半島には、アラゴン連合王国、カスティーリャ王国という2大有力国があった。1469年、アラゴンの王子フェルナンド（のちのフェルナンド5世、アラゴン王としてはフェルナンド2世）とカスティーリャの王女イサベル（のちのイサベル1世）が結婚、両国は合同へ向かう。

1479年、両国は統一され、スペイン王国となる。フェルナンド2世とイサベル1世は教皇から「カトリック両王」の称号を授けられ、2人は共同統治者となった。この年、両王によってイスラムの最後の牙城グラナダが陥落となる。これにより、イベリア半島からはムスリム勢力が追い出され、スペインはカトリックを信奉する国となった。

当時、スペインは興隆期にあった。すでに述べたように、アラゴン王家はイタリアのシチリア島、サルデーニャ島、ナポリ王国の統治者であり、西地中海に一大勢力を築いていた。そのアラゴン王国がイベリア半島ではカスティーリャ王国と合同しスペインとなったのだから、スペインはヨーロッパ世界の一方の雄になろうとさえしていた。

両王の時代、スペインは世界にも進出をはじめている。イサベル女王の支援を受けたコロンブスは、１４９２年にアメリカに到達、以後、スペインは中南米の植民地建設に乗り出す。それは、スペインに巨額の富をもたらすものであった。世界一周の周航を成し遂げたマゼランの艦隊を支援したのも、スペイン王室である。

## フランス王シャルル8世のイタリア侵攻が招いたもの

１４９４年、フランス・ヴァロワ朝のシャルル8世は軍を率いて、イタリアに侵攻する。これが、イタリア・ルネサンスを崩壊させる、長い「イタリア戦争」の序幕になろうとは、多くの者が思わなかったであろう。

シャルル8世のイタリア侵攻は、ナポリの王位を奪還するためのものだ。13世紀、シャルル＝ダンジューの征服以来、ナポリ王の座はフランス王家に連なるアンジュー家にあったが、15世紀半ば、スペインのアラゴン王家が強奪した。シャルル8世には、この記憶が残っていて、ナポリ王位を取り戻すために、イタリアを乗っ取ったのだ。

この侵攻を前に、イタリアの都市国家はなす術がなかった。フランス軍には、半世紀前まで、百年戦争を戦ってきた経験があり、戦力を充実させていた。一方、イタリアの都市国家は傭兵任せの戦争でお茶を濁してきたから、フランス軍に対抗しうる軍事力はどの都市国家にもなかった。ナポリまでが無抵抗であり、シャルル8世の軍はイタリアで圧倒的な存在となっていた。

ただ、フランス王をイタリアでいいようにさせるわけにはいかない。ローマ教皇アレクサンデル6世を中心に、フランスに対抗する「同盟」が結成される。加わったのは、ミラノ、ナポリ、ヴェネチアにドイツ王マシクミリアン1世、スペインのカトリック両王らである。この対仏同盟にシャルル8世はすっかりびびり、彼はただちに軍をイタリア半島から引き揚げた。

イタリアの危機はひとまず去ったが、フランスの王家は「イタリアの味」を覚えてしまったようだ。イタリアの都市国家は、あまりに脆い。しかも、イタリアにはルネサンスの大きな富と洗練された文化がある。以後、ルイ12世、フランソワ1世らヴァロワ朝の王はイタリアを狙い、イタリア侵攻を繰り返すようになる。フランス王の野望によって、イタリアでの戦乱は慢性化もするのだ。

## なぜハプスブルク家とスペイン王家が結びついたのか？

フランス王シャルル8世のイタリア侵攻は、ヨーロッパの勢力地図が大きく塗り替わっていく一つの衝撃となった。この事件を気に、ハプスブルク家とスペイン王家が接近、婚姻が結ばれたのだ。

1496年、ドイツ王マクシミリアン1世の子フィリップと、スペインのカトリック両王フェルナンド2世とイサベル1世の娘ファナが結婚する。当時、フィリップはフランドルにあり、ファナはフランドルまで嫁いだ。2人から生まれた男の子こそが、のちに巨大な版図を継承するカール5世（カロルス1世）である。

ハプスブルク家とスペイン王家が婚姻により結びついたのは、フランス王家に対抗するためだ。とくにこれを切望したのは、スペイン王家のほうである。

先のフランス王シャルル8世によるイタリア侵攻は、スペイン王家にとっては、深刻な挑戦であった。シャルル8世が欲したのは、スペイン王家に連なるナポリの王位であった。ナポリ王の座は、15世紀半ばまでフランス王家に連なるアンジュー家にあったから、フランス王はスペインからナポリを奪い返したかった。それは、シャルル8世以後のフランス王も同じだろう。

しかも、スペイン王家は、ほかにシチリア島、サルデーニャ島も有している。フランス王家が、ナポリ王位のみならず、さらにはシチリア、サルデーニャまでも狙ってくるおそれさえある。このとき、スペイン一国ではフランスへの対抗はかなりの負担となる。そこで、大国化しつつあるハプスブルク家と結んだのだ。

ハプスブルク家は、ドイツとブルゴーニュでともにフランスと国境を接する。ハプスブルク家が東から、スペインが西からフランスを挟撃《きょうげき》するなら、フランス王を牽制でき、自制させられると考えたのだ。

一方、マクシミリアン1世も、フランスを押さえ込むことの重要性を理解していた。そもそも彼は、ブルゴーニュにあってフランス王の画策と戦ってきた時代がある。フランス王家の狡さをよく知っていたから、新興のスペインを味方につけたかったのだ。

マクシミリアン1世のハプスブルク家は、イタリアのミラノの支配者スフォルツァ家とも結びついている。マクシミリアンはブルゴーニュで得た妻マリーを早くに失っていて、スフォルツァ家の公女ビアンカと再婚している。

スフォルツァ家は傭兵上がりであり、その評判は芳しくない。当主の通称イル・モーロ（ルドヴィーコ・スフォルツァ）は、シャルル8世を甘言で誘い、イタリア半島に引き入れたような奸智《かんち》に長けた人物だ。神聖ローマ皇帝を輩出もするハプスブルク家とは格が完全に違うのだが、それでもマクシミリアンは反対の声を抑えて結婚している。

そこには、マクシミリアン1世の打算があった。スフォルツァ家からもたらされる莫大な婚資も魅力だったが、それ以上に彼にはイタリア進出の下心があったようだ。マクシミリアン1世は、イタリアにもハプスブルク家を浸透させようとしていたのだ。

さらに、後年となるが、マクシミリアン1世は、孫であるフェルディナント（のちのフェルディナント1世）の妻をリトアニア＝ポーランド王国のヤゲロー朝の娘から迎えている。当時、ヤゲロー朝ウラースロー2世はハンガリーとボヘミアの王だったから、ハプスブルク家はハンガリー、ボヘミアにも勢力を伸ばす素地を得た。

## チューダー朝イングランドの
## ヘンリ7世も手掛けていた婚姻外交

婚姻外交を展開したのは、ハプスブルク家やスペイン王家だけではない。イングランドのチューダー朝の始祖ヘンリ7世も、婚姻外交を積極的に行い、スペイン、フランス、スコットランドと結びついた。

ヘンリ7世がとくに重視していたのは、スペイン王家との結びつきであったと思われる。ヘンリ7世は、王子アーサーの結婚相手として、スペイン王家の娘カタリーナ（キャサリン）を迎え入れている。

イングランドは、長くフランスと戦ってきた。イングランド王は、フランスの実力をよく知っていて、フランス国王を牽制したかった。そのために、勢いのある新興国スペインを味方につけたかったのだ。

ヘンリ7世のスペインへの執心は、相当なものであった。嫡男アーサーが病没したとき、ヘンリ7世はキャサリンをスペイン本国に帰そうとしなかった。代わりに、次男ヘンリ（のちのヘンリ8世）の妻として、イングランドに残らせたのだ。

また、ヘンリ7世は娘メアリをフランス王ルイ12世の妃とし、娘マーガレットをスコットランドのジェームズ4世に嫁がせている。イングランドは、長くフランス、スコットランドと争ってきた。薔薇戦争によって停滞気味にあったイングランドには、フランス、スコットランドと争っている暇はない。ヘンリ7世はイングランド再建のためにも、フランス、スコットランドと和す婚姻を進めたのだ。
ヘンリ7世の婚姻外交は多角的であり、ヨーロッパの勢力均衡のバランス点にイングランド王家を置こうというものであった。このうち、ヘンリ8世の結婚、スコットランド王家との婚姻は、のちのイングランドの歴史に大きな影響を及ぼすことになる。

## 皇帝選挙によって即位したカール1世の巨大な帝国

マクシミリアン1世の時代、神聖ローマ帝国は立て直され、ハプスブルク家は全盛の時代に向かう。彼は、ローマ教皇から神聖ローマ皇帝として戴冠されることはなかったが、自ら神聖ローマ皇帝と堂々と名乗った。

その一方で、マクシミリアン1世は、神聖ローマ帝国をいかなるものかと規定もしている。帝国は「ドイツ国民の神聖ローマ帝国」であるとし、あくまでドイツの皇帝であろうともしていたのだ。

1519年、ハプスブルク家の地位を大きく高めたマクシミリアン1世は、没する。神聖ローマ帝国では、次期皇帝を選挙で選ぶことになる。このとき、候補にあがったのが、スペイン王カルロス1世、フランス王フランソワ1世である。とくにフランス王フランソワ1世は神聖ローマ皇帝位を望み、策動したが、選帝侯たちが選んだのはスペイン王カルロス1世である。カルロス1世は、カール5世として神聖ローマ皇帝に即位する。

カール5世は、皇帝マクシミリアン1世の孫に当たる。マクシミリアン1世の子フィリップとスペインの王女フアナとの間に生まれ、彼は父と縁の深いネーデルラントで育てられた。アラゴン王家のフェルナンド2世には嗣子がなく、父フィリップも死去したため、カルロス1世としてスペイン王に即位していたのだ。

カルロス1世には、スペイン王家の血とともに、ハプスブルク家の血も流れている。それもあって、カルロス1世は神聖ローマ皇帝カール5世として選ばれた。カール5世は、ドイツ、スペイン、ブルゴーニュ、シチリア、ナポリ、サルデーニャの統治者として覇を唱える立場に昇ったのだ。

この皇帝選挙にあって、フランス王フランソワ1世が皇帝の地位を狙ったのは、巨大なハプスブルク帝国の出現を阻止したかったからだ。カール5世が神聖ローマ皇帝として即位するなら、フランスはハプスブルク家によって東西から挟撃され、フランス王にとってこんな憂鬱はない。フランソワ1世は、カール5世の皇帝登極《とうぎょく》を阻止すべく、選帝侯らに多額の賄賂を渡したのだが、カール5世も逆襲、フランソワ1世を退けたのだ。

さらに、カール5世の弟フェルディナントは、ボヘミア王、ハンガリー王を継承する。これによって、ハプスブルク家はボヘミア、ハンガリーまでも所有し、ヨーロッパに一大帝国を築きあげた。

ハプスブルク家の大帝国は、カール大帝のフランク王国を凌ぐかの規模となり、ローマ帝国以来の帝国がヨーロッパに出現したといっていい。ハプスブルク家は、これを征服ではなく、婚姻によって成し遂げ、ここに「婚姻のハプスブルク家」の精華があった。

## ハプスブルク家vsヴァロワ家の争いがルネサンスを終わらせた

ハプスブルク家の神聖ローマ帝国皇帝マクシミリアン1世、カール5世とフランス王フランソワ1世の対決は、16世紀の世界を動かす。その対決のメインとなる舞台は、イタリア半島であった。イタリア半島では、ハプスブルク家の皇帝軍対フランス王軍の対決が繰り返されることになった。

なぜ、イタリアが対立の舞台となったかといえば、イタリアが神聖ローマ皇帝、フラン

カール5世のハプスブルク家

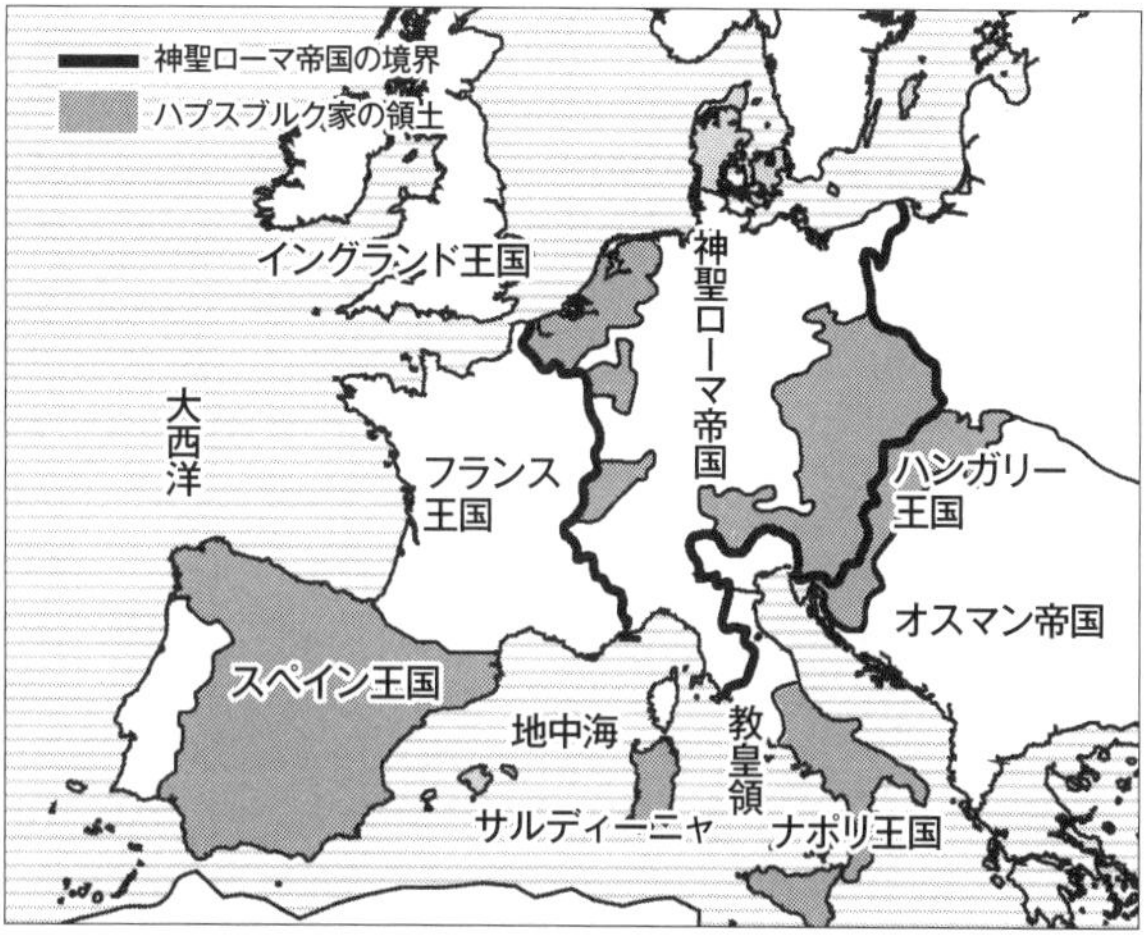


ス王にとって最大最後の草刈り場となっていたからだ。アルプスの北では、ハプスブルク家の皇帝陣営もフランス王も領地を固めていて、容易には領地を切り取れない。けれども、イタリア半島にはいまだ無防備に等しい都市国家が残っていたからだ。

あとは、早い者勝ちである。フランス王、ハプスブルク家の皇帝、どちらが先にイタリアを征圧するかだ。イタリア獲得戦争には、1494年のシャルル8世の侵攻以来、フランス王が先行していたが、ハプスブルク家の皇帝たちも猛追をしてきた。

そこに絡むのが、ローマ教皇たちである。ローマ教皇は、自らの安全のため、さらにイタリアの維持のために、好んでフランスやハプスブルク家の勢力を引き入れていた。教皇ユリウス2世に至っては、独立を誇るヴェネチアを懲らしめるべく、フランス、ドイツ、スペインの兵を引き入れるような真似をしている。教皇の外敵利用が常習化するほどに、イタリアはフランス・ヴァロワ家対ハプスブルク家の対決の地となったのだ。

1515年、フランソワ1世はミラノを得るべく、アルプスを越える。フランスに立ち向かったのは、スイス人傭兵を中心とする神聖ローマ皇帝軍である。「巨人の戦い」と呼ばれたマリニャーノ（メレニャーノ）の戦いは、凄惨な戦いとなり、スイス人傭兵部隊は壊滅し、フランス王軍が勝利する。これにより、フランスはミラノをはじめとする北イタリアを支配、ハプスブルク家は南イタリアの守りを固めざるをえなかった。

しかし、フランス王フランソワ1世の栄光は、そうはつづかない。1524年、フランソワ1世率いるフランス軍は、北イタリアのパヴィアを包囲したものの、皇帝派の軍の奇襲を受けた。フランソワ1世は捕虜となり、カール5世のいるマドリッドまで移送される。

フランソワ1世は、皇帝カール5世の前に誓約をさせられた。そこには、フランスがイタリアとブルゴーニュを完全放棄するとの項目もあり、フランソワ1世はこれを誓い、解放されている。

## ハプスブルク家vsヴァロワ家のイタリア戦争

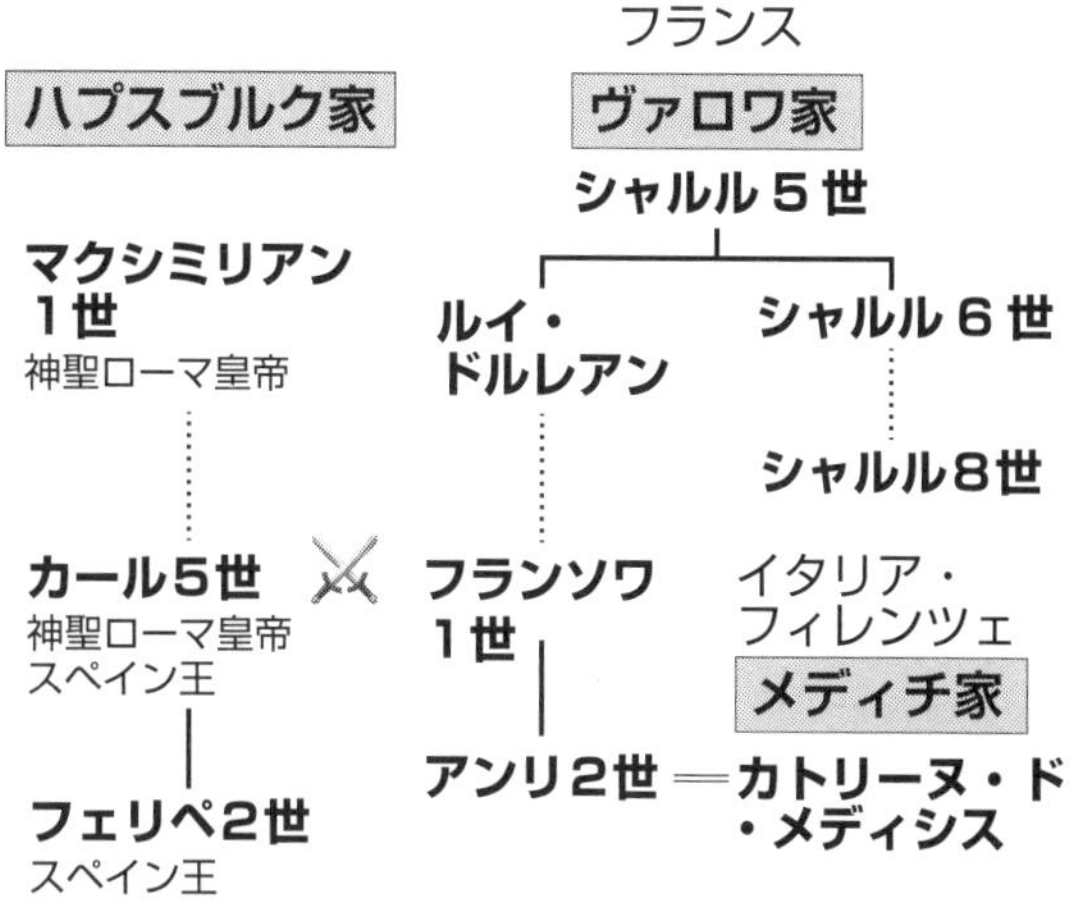


　けれども、その後、フランソワ1世が誓約を守ることはなかった。「フランス王の名誉と利害に反して強制されたいかなる協定も無効である」としたのだ。

　カール5世のイタリアにおける勝利に怯えたのが、教皇クレメンス7世である。クレメンス7世は、カール5世に隠れてフランソワ1世と通じた挙げ句、フランス王、イングランド王に打倒ハプスブルクの檄まで送ったから、カール5世は激怒する。

　1527年、カール5世は、「ランツクネヒト軍団（ドイツ人歩兵傭兵集団）」にローマを襲わせ、教皇への徹底懲罰に出た。当時、すでにマルチン・ルターの主導した宗教改革がはじまっていて、1521年、カール5世はルターをドイツ西部のヴォルムスの国会に召集していた。このとき、カール5世はルターの言い分を認めたわけではないが、ルターを処罰することもなかった。カール5世は、カトリックの反逆者に対しては雅量を示していたが、カトリックの総帥・ローマ教皇に対しては怒りの鉄槌を下そうとした。カール5世は、人間の誠実さを評価し、ルターを罰せず、教皇を罰したのだ。

ランツクネヒト軍団の兵士には、新教徒も少なくなかった。彼らは、教皇を憎んでいたから、ローマ侵攻にあって暴虐の限りを尽くした。これが「ローマ劫掠《ごうりゃく》（サッコ・ディ・ローマ）」であり、教皇クレメンス7世は捕らえられ、カール5世の前に屈伏するよりなかった。神聖ローマ皇帝によって、ローマ教皇はこれまでにない無残な姿をさらした。

それでもなお、教皇クレメンス7世はフランスに密着しようとした。メディチ家出身の教皇クレメンス7世は、メディチ家の娘カトリーヌをフランス王家のフランソワ1世の子・アンリ2世の妃としている。教皇はフランス王家に救いを求め、いまだイタリアを捨てがたいフランソワ1世は、イタリア政策続行のためにこの結婚を選んだ。

結局、フランソワ1世の死をもって、フランス王家はイタリアを断念、フランス王、神聖ローマ皇帝はカトー＝カンブレジ条約を交わす。条約では、ハプスブルク家がイタリアの多くを支配することになった。ただ、イタリア戦争は、ハプスブルク家に多大な支出を強要した。カール5世の晩年、スペインで王家の財政が破綻もしている。そのため、カール5世は退位せざるをえなかったから、カール5世も完全な勝者であったかどうか。

## フランソワ1世の暗躍にしてやられた神聖ローマ皇帝カール5世

フランス王フランソワ1世は、イタリアでの戦いでは、神聖ローマ皇帝カール5世に野望を粉砕された。では、彼が惨めな敗者であったかというと、そうとも言い切れない。フランソワ1世は、その策謀によって、カール5世を痛めつけてもいるのだ。

1525年、フランソワ1世がマドリッドでカール5世の捕虜として過ごしていた時代、彼はオスマン帝国に密書を送っている。当時、オスマン帝国のスルタン（イスラム教国の君主）はスレイマン1世、オスマン帝国の全盛期を築いた男である。密書には、いまこそがハンガリー征服のときであると勧めている。

当時、イスラムのオスマン帝国は、キリスト教世界最大の敵と見なされてきた。ローマ教皇もオスマン帝国に対する統一戦線結成を訴えてきたが、フランソワ1世はキリスト教徒であることを逸脱して、ムスリムの皇帝とも通じようとしたのだ。

スレイマン1世は、フランソワ1世の密書に影響を受けたのか、バルカン半島での勢力拡大に動く。彼はドナウ河畔のモハーチの戦いでハンガリー軍に大勝、ハンガリーに支配領域を広げた。

つづいて、1529年、オスマン帝国軍は神聖ローマ帝国の都ウィーンを包囲する。当時、ウィーンを守ったのは、カール5世の弟オーストリア大公フェルディナント（のちの神聖ローマ帝国フェルディナント1世）だが、ウィーンは一時、陥落寸前にまでなる。カール5世の大帝国は東からはオスマン帝国に押され気味であり、それはフランソワ1世の意趣返しでもあったのだ。

## イングランド乗っ取りに失敗したスペイン王フェリペ2世

1558年、神聖ローマ帝国皇帝カール5世は没する。それ以前、カール5世はハプスブルク大帝国を、2分割にしていた。神聖ローマ帝国皇帝（ドイツ王）は、彼の弟フェルディナントが引き継ぎ、フェルディナント1世として即位する。スペイン王国は、彼の子フェリペが相続、フェリペ2世となった。この相続によって、ハプスブルク家は、オーストリア・ハプスブルク家とスペイン・ハプスブルク家に分かれてしまった。ネーデルラントやシチリア、南イタリアを相続したのは、スペイン・ハプスブルク家であり、こののちスペイン・ハプスブルク家はネーデルラントの反乱・独立に手を焼き、消耗する。

2つに分かれたハプスブルク家のうち、繁栄を維持したのは、スペイン・ハプスブルク家である。当時、スペインは新大陸経営に力を注ぎ、新大陸からもたらされる銀がスペイン王国の力の根源にもなっていた。

スペイン王国を新たに継承したフェリペ2世は、熱心なカトリックであり、「慎重王」と称されるほどに謹厳な人物であった。と同時に、彼は父カール5世の展開した婚姻外交の申し子であった。フェリペ2世は、皇太子の時代を含めて都合4回も結婚している。

フェリペ2世の最初の妻は、ポルトガルの王女マリア・マヌエラである。まだ、皇太子の時代のことだ。マリアが王子カルロスを産んだのち没すると、彼はブリテン島に渡り、イングランド女王メアリ1世と結婚している。

メアリ1世は、イングランド・チューダー朝のヘンリ8世の娘であり、エリザベス1世の異母姉に当たる。メアリ1世といえば、「ブラッディ・メアリ（血まみれのメアリ）」の

ハプスブルグ家の分裂(16世紀半ば)

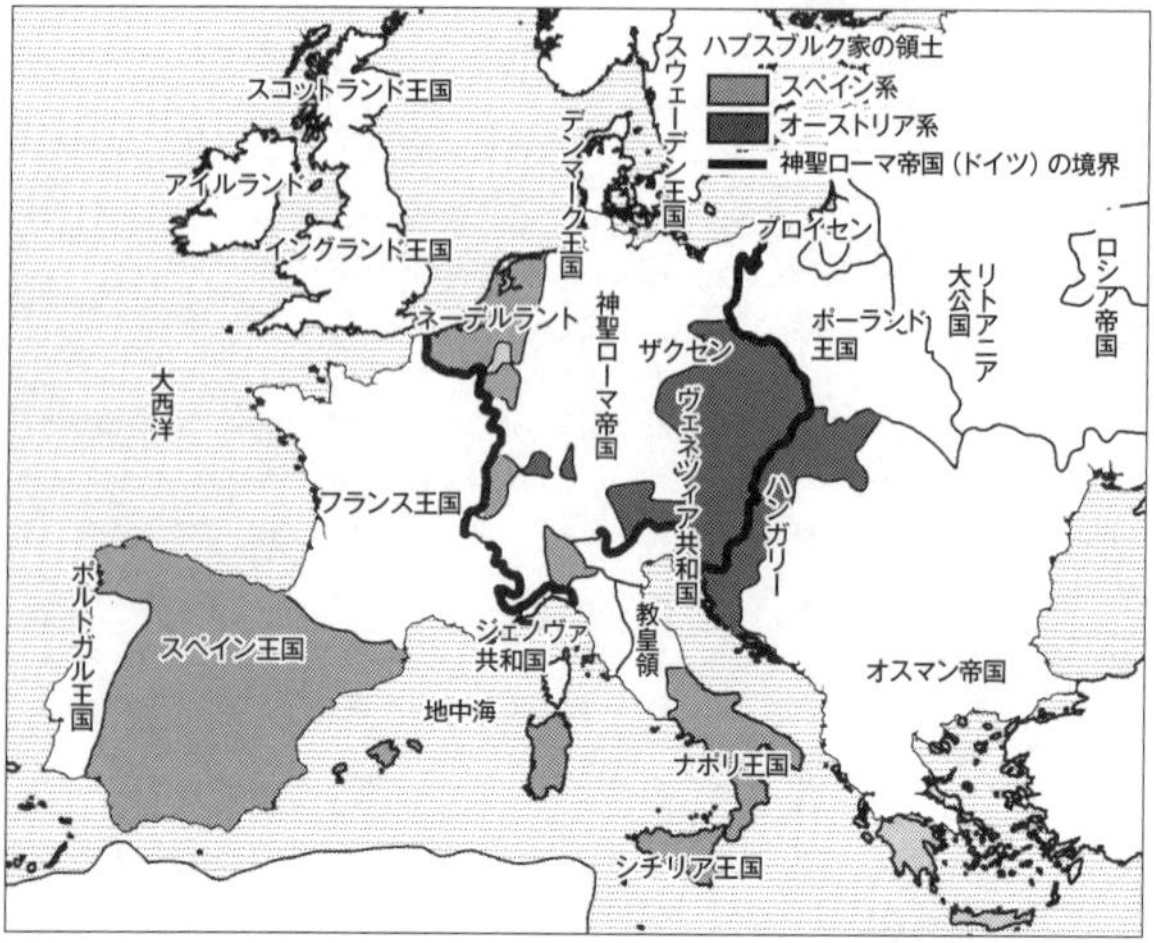


異名で知られる。彼女は熱心なカトリックであるがゆえに、プロテスタントを弾圧した。そこからこの名がつき、カクテルの名にもなった。熱心なカトリックであるフェリペ2世にとって、カトリックのメアリ女王は好ましかった。

フェリペ2世とメアリ1世との間に嫡子が生まれるなら、次期イングランド王はカトリック王になろう。宗教対立が深刻化する16世紀後半、カトリック勢力強化の意味が、この結婚にはあった。さらに、スペイン王家とイングランド王家を緊密化させ、イングランドにハプスブルク王家を誕生させる機会ともいえた。そこには、ハプスブルク家に敵対してくるフランス王家を抑え込む意味もあった。

ただ、この結婚は成果を挙げなかった。メアリ1世が子を産むことなく没したからだ。フェリペ2世は、これに懲りず、今度はメアリ1世の異母妹であるエリザベス1世にも求婚しているが、エリザベス女王は拒否している。彼女は、国内のプロテスタントを取り込みたかったから、スペインのカトリック王を受け入れられなかったのだ。これにより、ハプスブルク家によるイングランド乗っ取りは挫折する。

こののち、フェリペ2世は、フランス王アンリ2世の娘エリザベートと結婚する。この結婚は、いわくつきであった。結婚は先のカトー＝カンブレジ条約によってフランスとの手打ちによるものだが、もともとフェリペ2世の皇太子カルロスの結婚相手として決まっていたものだ。にもかかわらず、父フェリペ2世が自らの妃にしてしまった。

そこから生まれたのが、ヴェルディのオペラ『ドン・カルロ』やシラーの戯曲『ドン・カロルス』である。ここでのカルロス王は、元婚約者である父の妻をひそかに愛しつづけてしまう悲劇の人として扱われている。このオペラや戯曲のおかげで、フェリペ2世にはあまりいいイメージがない。

エリザベートが23歳で没してのち、フェリペ2世の4番目の妻となるのは、オーストリア・ハプスブルク家のアナ・デ・アウストリアである。彼女は、フェリペ2世の従兄弟である神聖ローマ皇帝マクシミリアン2世の娘であった。

## カトリック世界の盟主に挑んだエリザベス1世

フェリペ2世の時代、スペイン・ハプスブルク王家は、ヨーロッパのカトリック世界の盟主を自任する。フェリペ2世の時代、スペイン王はヨーロッパ最強を誇るだけの実力があった。1580年、ポルトガル王の死を契機に、スペインはいったんはポルトガルを自国に組み入れた。しかも、スペインには新大陸の富があるから、他国の追随をゆるさなかった。

フェリペ2世は、カトリック世界のリーダーとして、イスラムのオスマン帝国とも対決した。すでに1538年、オスマン帝国海軍は、キリスト教徒連合海軍をプレヴェザの海戦で破り、地中海の制海権を握りつつあった。シチリアやナポリを領有するスペイン王家にとっては、看過できない情勢だ。1571年、スペイン海軍はヴェネチア海軍などと行動をともにし、レパント沖でオマスン海軍を破る。敗れてなおオスマン海軍は東地中海を制していたが、スペインの艦隊は「無敵艦隊（アルマダ）」と称されるようになった。

その無敵のスペインに一撃を加えたのが、エリザベス1世のイングランドとネーデルラント（現在のベルギー・オランダ・ルクセンブルク）だ。イングランドが行っていたのは、スペイン船への海賊行為である。イングランドは新大陸に植民地を築こうとしたが、思うようにならず、焦った。そこで、イングランドは、海賊をけしかけ、富を満載したスペイン船を襲わせるようにした。

それは、エリザベス1世公認、つまり国家公認の海賊であり、これを「私掠船《しりゃくせん》（プライヴェーティア）」といった。イングランドでは、エリザベス1世以下、大臣らが海賊に出資していたのだ。イングランドの海賊たちは、国家公認をいいことに、スペイン船を襲撃しつづけ、有名な海賊ドレークは1580年に、30万ポンドの金銀財宝をエリザベス女王に献上している。それは当時の国家収入を上回るほどのものであったから、エリザベス1世は高笑いし、フェリペ2世は地団駄を踏んだ。

怒ったフェリペ2世は、イングランド懲罰にアルマダを動かす。1588年、無敵のはずのアルマダは、暴風雨もあって、イングランド海軍に思わぬ完敗を喫する。

一方、ネーデルラントではスペインに対する反乱が起きる。当時、ネーデルラントではプロテスタント化が進行していたが、カトリック世界の再建を目指すフェリペ2世には容

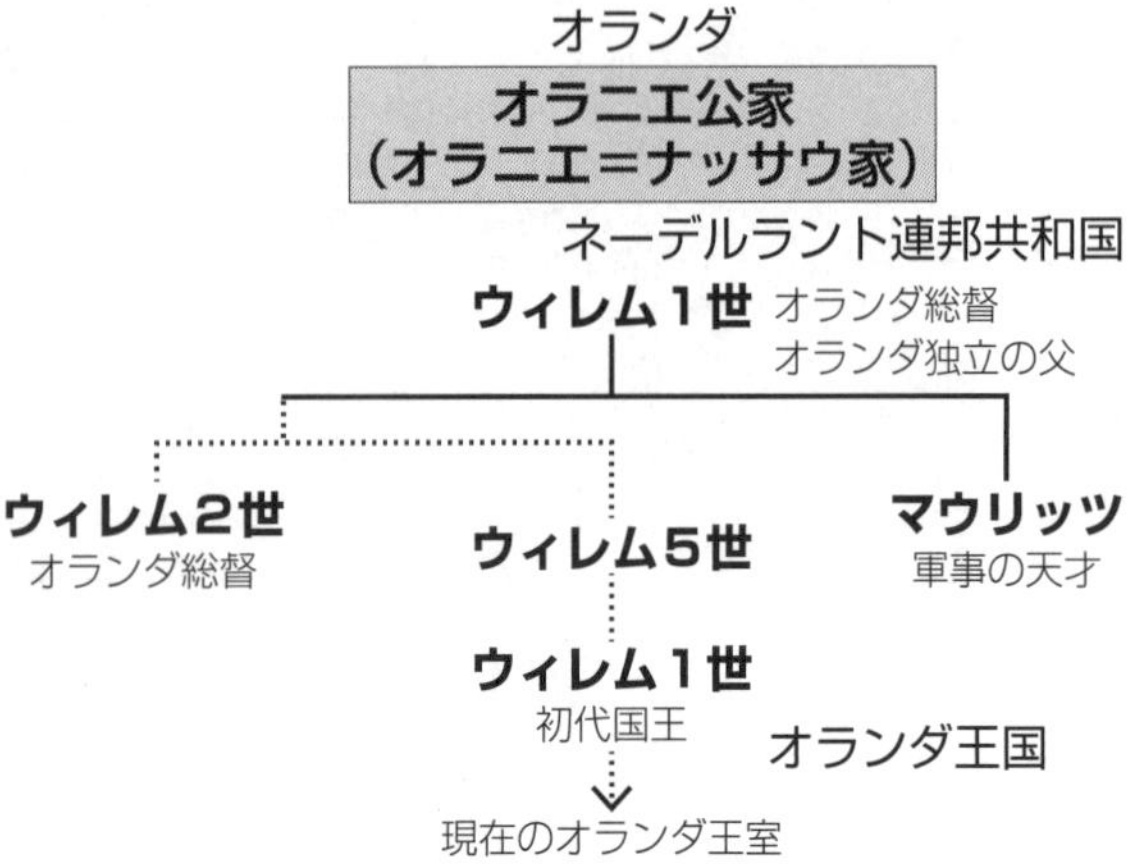


認できる話ではなかった。彼はネーデルラントにカトリックを強制し、アルバ公を派遣して、ネーデルラントのプロテスタントを弾圧した。

これに対して、ネーデルラントの住人はオラニエ公ウィレム1世「沈黙公」を中心に、反スペインの独立闘争で立ち向かう。ネーデルラントの南部10州は脱落したものの、北部7州は「ユトレヒト同盟」を結成、1581年にオランダ（ネーデルラント連邦共和国）として独立を宣言する。これを支援したのが、イングランド女王エリザベス1世。フェリペ2世はオランダとイングランドの共同戦線の前に挫折、豊かなネーデルラントを失っていった。

## オランダの独立とイングランドとの関係

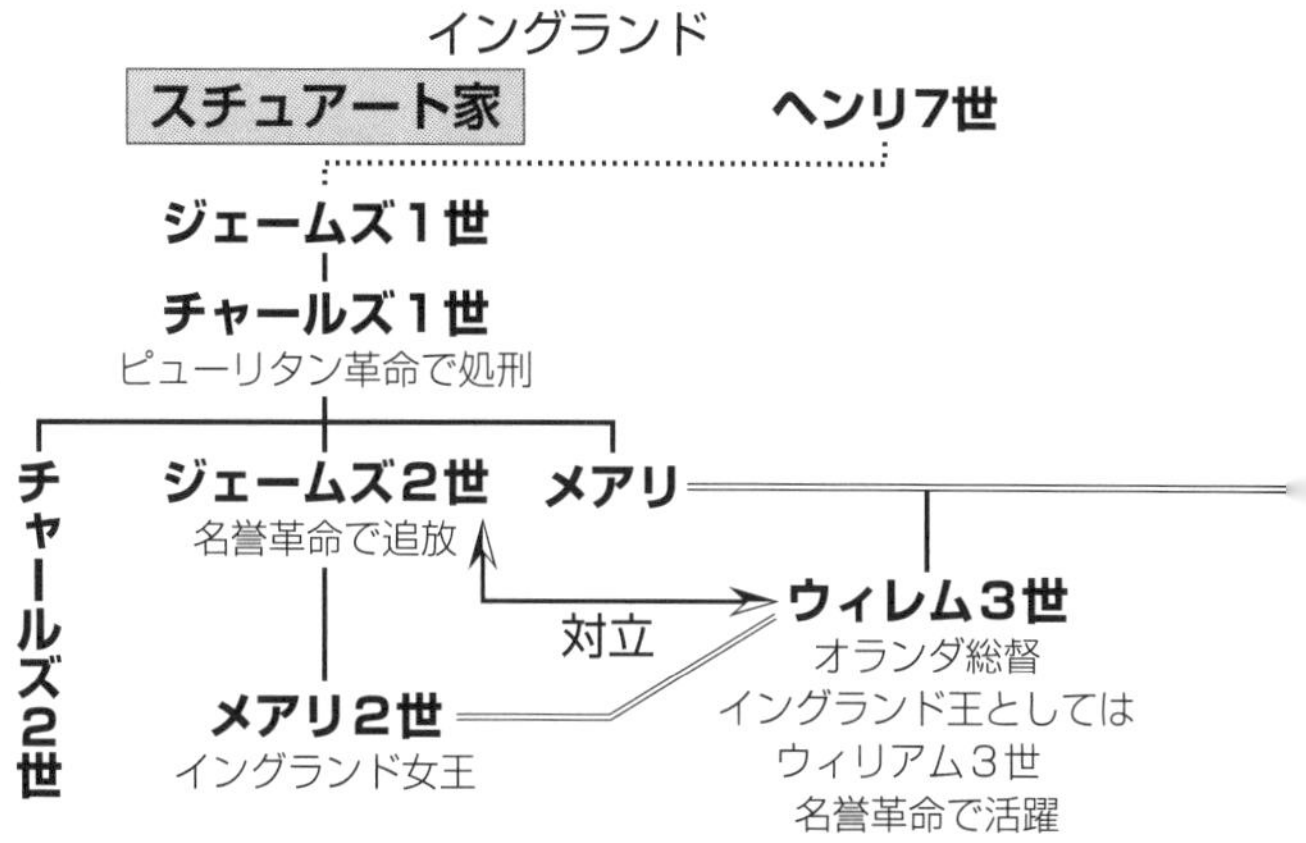


オランダ独立戦争のリーダーとなったオラニエ公ウィレム1世は、もともとネーデルラント随一の貴族である。彼はカトリック教徒によって暗殺されるが、彼の子孫もオランダ総督となる。17世紀後半、オランダ総督にあったウィレム3世は、彼の曾孫に当たり、フランス王の侵略に抗戦してきた。彼は、ウィリアム3世としてイングランド王にも即位している。

現在のオランダ王家は、オラニエ公ウィレムの血筋を継承している。独立戦争を戦ったウィレム1世は、オランダでは「建国の父」とされているが、「ネーデルラント連邦共和国」の名のとおり、オランダは共和制国家として出発している。オランダが王制となるのはナポレオン戦争を経てのことであり、もともとは有力貴族による共和制を選んでいたのだ。

ちなみに、「建国の父」オラニエ公ウィレム1世の子に、マウリッツがいる。マウリッツは総督になっていないが、「軍事革命」の指導者であった。彼は軍隊にも規律を導入。彼があったからこそ、オランダは「軍事強国」スペインに抗戦できたのだ。

## 滅亡したビザンツ帝国皇帝を継承したロシアのイヴァン3世

1453年、東ローマ（ビザンツ）帝国の都コンスタンティノープルは、オスマン帝国の「征服者」メフメト2世によって陥落させられる。最後のビザンツ皇帝コンスタンティヌス11世パレオロゴスは、遺骸となって発見されている。古代ローマ帝国以来のビザンツ帝国は滅亡し、世界から皇帝位が一つ消えたかに見えた。

けれども、東ローマ皇帝位を継承しようとする者が現れた。ロシアのモスクワ大公国のイヴァン3世である。イヴァン3世はモスクワ大公として、ロシアを再興してきた人物だ。

13世紀、ロシアはモンゴル帝国に完全に屈伏し、キプチャク＝ハン国の支配を受け入れていたが、14世紀後半になるとキプチャク＝ハン国の支配が弱まる。代わってロシアに台頭したのが、モスクワ大公国である。ロシアはモスクワ大公国主導のもと独立を勝ちとるが、モスクワ大公たちもノルマン人のリューリクの血統を継承している（18ページ）。

モスクワ大公となったイヴァン3世は、モスクワ大公国の領域を広げ、モンゴル時代と完全に訣別した。1472年、その彼が妃として迎え入れたのは、ビザンツ最後の皇帝コンスタンティヌス11世の姪ゾイ（ソフィヤ）である。彼は、ビザンツ帝国皇族に連なる血を、自らの家に受け継がせたのである。

そこから先、イヴァン3世は「ツァーリ」を名乗るようになる。「ツァーリ」は、「カエサル」に由来し、ひところまでロシアではビザンツ皇帝やキプチャク＝ハン国のハン（王）を指していた。イヴァン3世はその名を自らの称号として使い、モスクワ大公の権威を高めようとした。こののち、ロシアにロマノフ朝が誕生すると、ロマノフ朝の君主は好んで「ツァーリ」を名乗るようになる。東ローマ帝国の後継者を自任するようになるのだ。

イヴァン3世ののち、ロシアに登場するのは「雷帝（グロズヌイ）」と恐れられた独裁者イヴァン4世である。1598年、イヴァン4世の子フョードル1世が没すると、リューリク家の血は途絶え、ここにリューリク朝は終わる。

新たに即位したボリス・ゴドゥノフは、フョードル1世の義兄にすぎず、リューリク家の血をひいてはいない。しかしながら、イヴァン4世の暴政によって解体寸前にあったモスクワ大公国を支えるのは、実力者ボリス・ゴドゥノフ以外にはいなかった。ムソルグスキーの同名のオペラでも知られる、そのボリスも没すると、ロシアは混乱の時代を迎える。

冊

発行所 青春出版社

著者 内藤博文

本体1050円+税

書名 PI-633 「ヨーロッパ王室」から見た世界史

補充数

ISBN978-4-413-04633-6
C0222 ¥1050E

9784413046336

書店コード

売上補充カード

定価1155円
税10%

売上カード

PI-633
「ヨーロッパ王室」から見た世界史

内藤博文著

BBBN4-413-04633-1 C0222 ¥1050E

青春出版社

本体1050円

# 5章

# 宗教戦争を勝ち抜き、覇者となったフランス・ブルボン王家

## カトリックvsプロテスタントの宗教対立と三十年戦争

## スペイン・ブルボン朝の成立へ

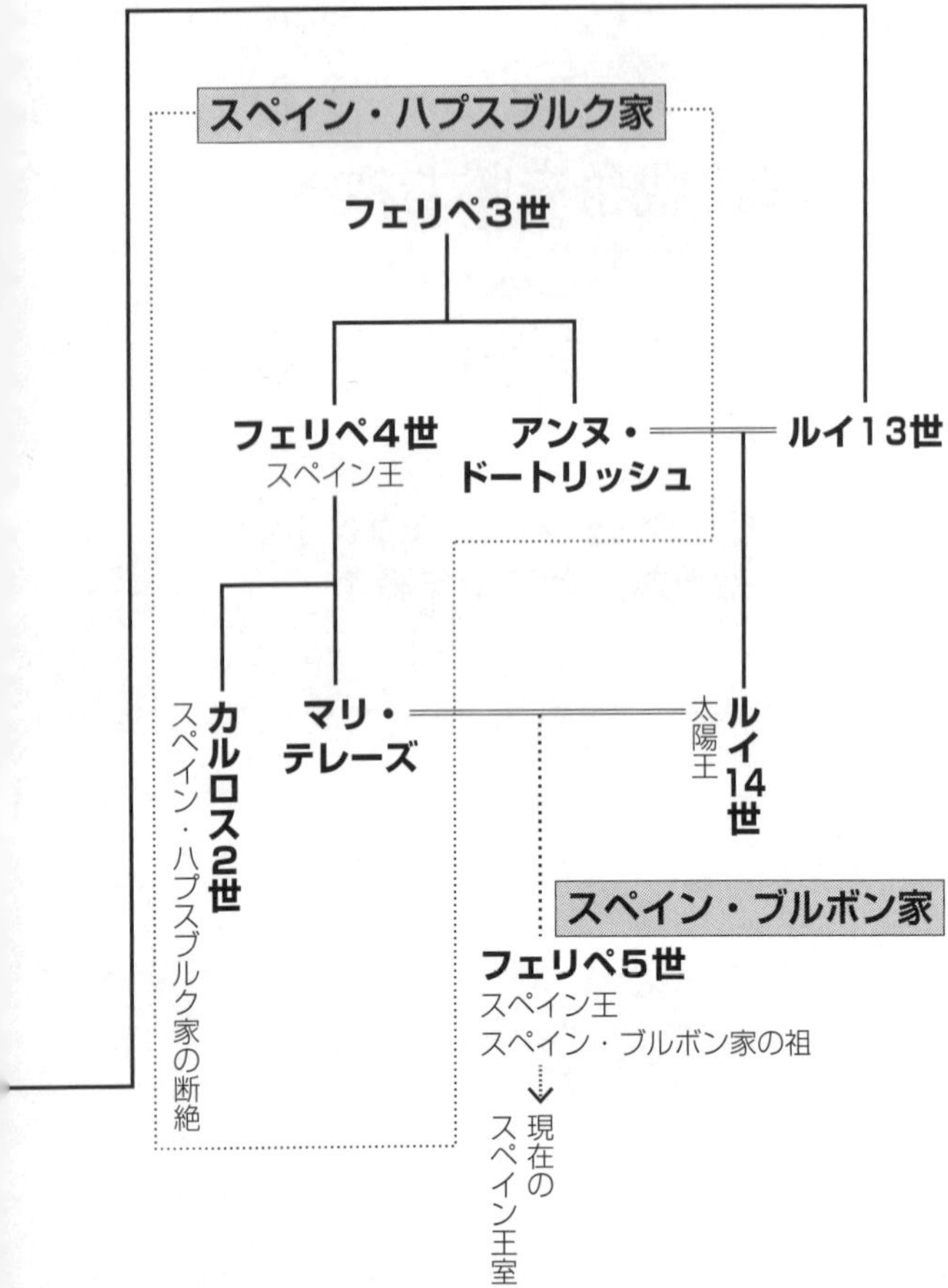

## フランス・ブルボン朝の誕生から

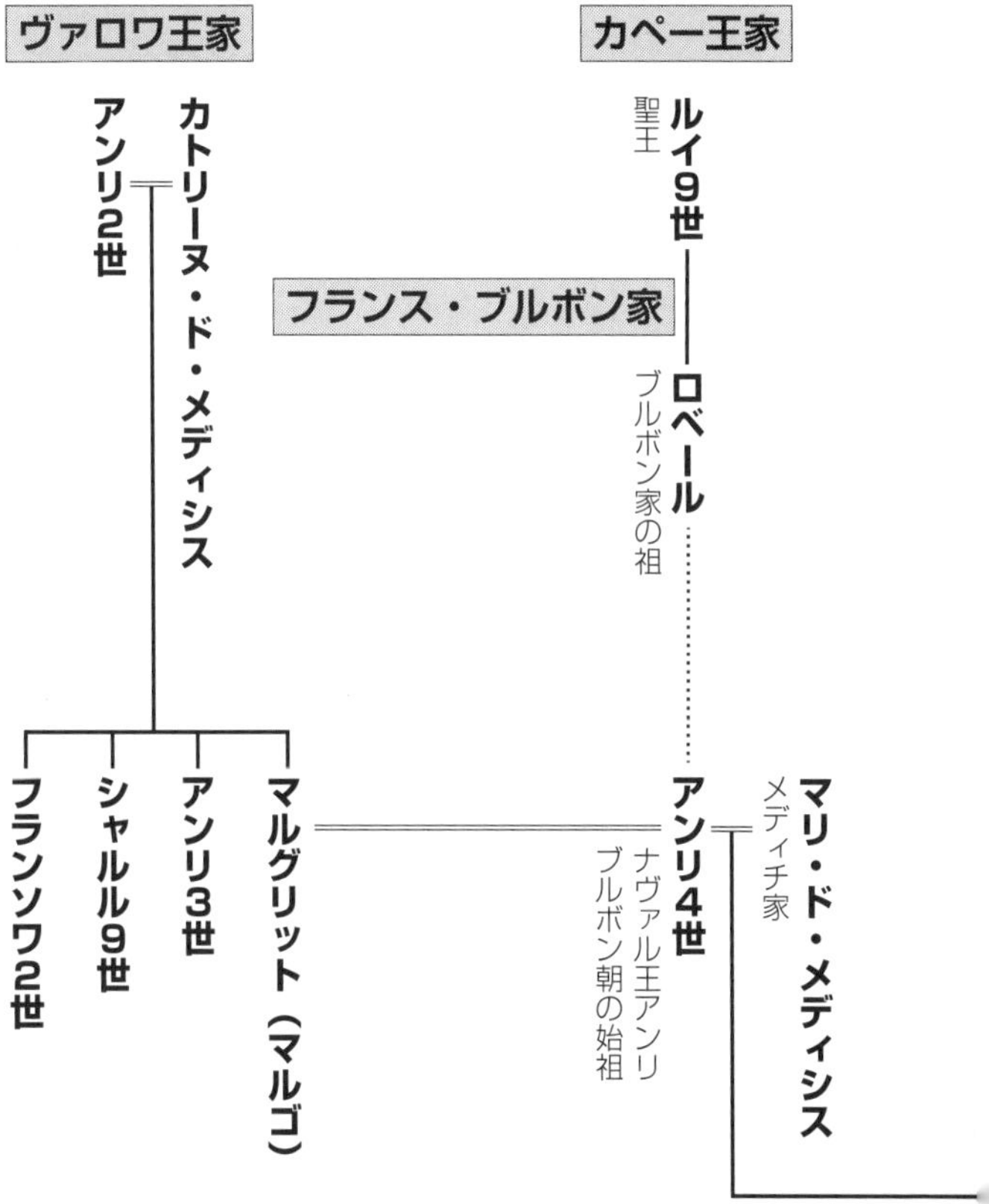

## 離婚問題でカトリックから離脱したイングランド王ヘンリ8世

1517年、ドイツでマルチン・ルターによる宗教改革が始動してのち、ヨーロッパの王家は宗教騒乱に巻き込まれる。強大な権力を手にしているはずの皇帝や王でさえも、カトリック対プロテスタントの対立を収拾するのはむずかしかった。

宗教対立による戦争は、王家に災厄を招きもした。イングランドとフランスでは王が殺され、ドイツでの三十年戦争（後述）が終わったとき、神聖ローマ帝国は解体されたも同然となった。そうしたなか、宗教戦争を乗り越えて、ヨーロッパの覇権を握ったのは、フランスのブルボン家となる。

そのブルボン家を語るまえに、まず宗教騒動はイングランドで起きていた。1534年、イングランド・チューダー朝の王ヘンリ8世は、国王至上法を発布し、イングランド国教会を成立させた。これにより、イングランドは、カトリックの本山ローマ教皇庁と絶縁し、独自の宗教制度を持つことになる。

もともと、ヘンリ8世はカトリック嫌いだったわけではない。宗教改革をはじめたルターには批判的でさえあったのだが、彼の離婚問題がカトリックとの対立となった。

彼の妃といえば、スペインの王女キャサリンである。2人の間には、メアリ（のちのメアリ1世）が生まれたものの、男の子には恵まれなかった。ヘンリ8世は嫡子となる男の子を欲し、彼にはアン・ブーリンという愛人もあった。ヘンリ8世は、妃キャサリンと離縁し、新たにアン・ブーリンを妻に迎えようとした。

ところが、ローマ教皇庁はこの離婚を認めなかった。当時、離婚するためにはローマ教皇の許可が必要であったのだが、ローマ教皇クレメンス7世は、ヘンリ8世の離婚を断固として認めようとはしなかった。頭に来たヘンリ8世は、カトリックと絶縁することで、キャサリンと離婚し、アン・ブーリンを2番目の妻としたのだ。

教皇クレメンス7世がヘンリ8世の離婚を認めなかったのは、たんに宗教的な理由からのみではない。クレメンス7世は、神聖ローマ皇帝カール5世を怒らせることを避けたかったのだ。

カール5世は、離縁されたキャサリンの甥に当たる（102ページ）。真面目で篤実な性格のカール5世は、叔母の身を案じていよう。にもかかわらず、クレメンス7世が叔母の離縁を認めてしまうなら、カール5世の怒りはクレメンス7世に向かうことになる。

クレメンス7世は、すでにローマ却掠によって、神聖ローマ皇帝カール5世に辱められてきた（119〜120ページ）。これ以上ひどい思いはしたくない。カール5世怖さに、教皇クレメンス7世は決断ができず、ヘンリ8世の独走をゆるす結果になってしまったのだ。

ただ、ヘンリ8世によるイングランド国教会の設立は、イングランドの宗教騒乱の序章にすぎない。イングランドでの宗教対立はこののち過熱化、17世紀の内戦、王家の存立危機に至る。

## ユグノー戦争下、フランスではヴァロワ朝が断絶

宗教対立が激化する16世紀、もっとも深刻化していたのはフランスである。フランスには、プロテスタントのカルヴァン派が流入し、彼らは「ユグノー」と呼ばれていた。ユグノーには中産市民が多かったが、地方の貴族までがユグノーとなることもあった。その代表が、ブルボン家のナヴァル王アンリ（のちのブルボン朝の始祖アンリ4世）だろう。

フランス国内におけるユグノーの増加は、カトリックの危惧と反発を招いた。その対立

はしだいに抜き差しならないものとなり、1562年よりユグノー戦争といわれる内戦がはじまる。内戦は8次にわたり、30年以上つづく。

フランス・ヴァロワ王家はといえば、内戦を抑え込む力に欠けた。ユグノー戦争下、フランス王家の実権を握っていたのは、アンリ2世の妃だったカトリーヌ・ド・メディシスである。というのも、アンリ2世が急逝してしまったからだ。

アンリ2世の急逝は、彼の宮廷にあった占星術師ノストラダムスが予言していたとされる。ノストラダムスは『諸世紀』という予言の書を著し、ここに以下の記述がある。「若き嗣子　老いた嗣子を打ち負かさん　戦いの場にて　一騎討ちの勝負により　金色の囲いのなか　男は目を破られる　ふたつがひとつに　それから死が訪れる　残酷な死」。

実際、アンリ2世が29歳の騎士相手に騎馬槍試合に臨んだ際、折れた槍が彼の金色の兜の中に突き刺さり、右目から脳を貫いた。これにより、アンリ2世は絶命している。

アンリ2世の急逝を受けて、アンリ2世とカトリーヌの子がフランソワ2世、シャルル9世、アンリ3世として次々と即位するが、彼らはたいてい年少であった。そのため、母であるカトリーヌ・ド・メディシスが指導的な立場にあった。

カトリーヌの基本方針は、カトリック対ユグノーの対立を宥和に持ち込みながら、宥和を利用して権力を維持することである。彼女は、カトリックにもユグノーにもよい顔をしようとし、それがカトリック、ユグノーそれぞれの反発を招きもしていた。

カトリーヌの打った策の中で、のちに偶然にも最強の一手となったのは、ナヴァル王アンリとアンリ2世の娘マルグリットとの結婚である。ナヴァル王アンリは、ユグノーである。彼とヴァロワ家の王女を結婚させることで、ヴァロワ王家はユグノーに理解があることを示そうとしたのだ。もっとも、これはカトリックの反発を招き、宗教対立をさらに深めることになったが、一方、フランス王の義弟となったことで、ナヴァル王アンリとヴァロワ王家の距離が縮まったのである。

ナヴァル王アンリ・ドゥ・ブルボンは、ヴァロワ家とはさほど縁がないが、カペー朝のルイ9世の子孫である。フランス王家の中では傍流の中の傍流のような存在でしかないが、フランス王位継承権だけはあった。その彼の存在が、より大きくなったのである。

こののち、フランスではシャルル9世の時代、1572年にはサン・バルテルミの虐殺事件によって、多くのユグノーが殺害される。それはユグノー側の復讐戦争にもつながり、そうしたなか、1574年にシャルル9世は混乱し、病没する。新たに即位したのは、シャルル9世の弟アンリ3世である。アンリ3世は、すでにポーランド王に選出され、即位していたが、ポーランドより呼び戻された。

アンリ3世の時代、ヴァロワ朝の断絶は決定的になったと見なされた。彼には嗣子がなく、しかも彼の弟も病没していたから、ヴァロワ家は王位継承者を失っていた。代わって、王位継承者に浮上したのが、先のナヴァル王アンリ・ドゥ・ブルボンである。

それは、カトリックにとっては由々しき問題であった。次期国王がプロテスタントであることは、ゆるせる話ではない。国王アンリ3世はこれを承知していて、ナヴァル王アンリに改宗を求めるが、応じてもらえなかった。これにより、アンリ3世は立場を悪化させてもいた。カトリック側は、ナヴァル王アンリの叔父でカトリックのブルボン枢機卿を擁立しようとしていた。

とくに、パリではカトリックが過激となり、カトリック派の頭目ギーズ公アンリは、クーデターさえも画策していた。これを察知したアンリ3世は、ギーズ公暗殺の挙に出るが、これがパリのカトリックの憤激を買った。アンリ3世は、パリから撤退せざるをえなかった。アンリ3世はカトリックに敵視されたという一点で、義弟ナヴァル王アンリと共闘態勢にはいるが、カトリックの修道士に暗殺されてしまう。

ここにヴァロワ朝は断絶、新たにナヴァル王アンリがアンリ4世として即位した。これが、ブルボン朝のはじまりとなるが、嵐の中のはじまりだった。

## 宗教対立を収拾していったアンリ4世の実力

1586年、新たにフランス王として即位したアンリ4世は、ブルボン朝の祖であり、後世、フランスではもっとも人気のある統治者の一人に数えられている。けれども、彼が即位した時代、フランス王の座に信任はなく、フランスは空中分解寸前にあった。

プロテスタント王となったアンリ4世に対するカトリック側の反発が、あまりに激烈だったからだ。アンリ4世は即位したにもかかわらず、カトリック派の拠点となったパリにはいれなかった。

この混乱下、スペインのフェリペ2世は、フランス内戦に介入の度を強めた。カトリックの盟主であるフェリペ2世にとって、隣国のフランスにプロテスタント王が誕生することは、容認できなかった。彼は、スペイン王家からアンリ4世に代わるカトリック王の擁立も考えていた。この時点ではまだ、アンリ4世は名ばかり王であり、実力で真の王になるよりなかった。

アンリ4世は各地を転戦しながら、ついに最強の一手を打つ。1593年、彼はサン・ドニ大修道院にて、カトリックに改宗してみせた。つづいては、1594年、シャルトル大聖堂で戴冠式を執り行っている。それは、カトリックの伝統に則った、大司教からの塗油によるものであり、アンリ4世は伝統的なカトリック王となったのだ。

これにより、カトリック側のアンリ4世への態度が軟化する。アンリ4世はやすやすとパリ入城を果たしたのち、またも各地を転戦し、平定していく。平定ののち、1598年には「ナントの王令（勅令）」を発し、ユグノーにも信仰の自由と市民権があるとした。アンリ4世はカトリック王として、プロテスタントを認め、カトリックとプロテスタントの共存への素地を築いたのだ。

こうしたアンリ4世の戦いと手腕によって、フランスはヨーロッパの中で早くに宗教対立による内戦を離脱できたといっていい。フランス王には、ひたすら王権を強化する道が拓かれた。ゆえに、後世、アンリ4世は「大王」とも称されるほどになったのだ。

ただ、フランスの宗教対立は「ナントの王令」によって、すぐに解消できたわけではない。1610年、アンリ4世は暗殺に倒れるが、下手人は狂信的なカトリックであった。

## ルイ13世時代の躍進の舵取り役となったリシュリュー枢機卿

1610年、フランス・ブルボン朝の始祖アンリ4世が暗殺によって死去ののち、新たに即位したのが、彼の子ルイ13世である。ルイ13世は、即位時にまだ9歳であった。実権を握ったのは、彼の母マリ・ド・メディシス（アンリ4世の再婚相手）であった。彼女は、イタリア・メディチ家出身である。フランスは、カトリーヌ・ド・メディシスの時代につづいて、「イタリア女性」に統治されることになった。

マリ・ド・メディシスは、権力基盤を固めるために、人材を登用、その中にフランス西部のリュソン司教の座にあったリシュリューがあった。彼女の時代、フランスは親スペイン路線をとり、スペイン・ハプスブルク王家のアンヌをルイ13世の妃に迎えている。

ルイ13世は長ずるに及んで、実権を望み、母と対立する。そこには、宮廷内部のマリ・ド・メディシスへの反発もあった。宮廷はマリ・ド・メディシスの支配にうんざりし、彼女が連れてきたスペイン人王妃にも反発があった。

ルイ13世と母の対立は内戦にまで及ぶが、ルイ13世は母との戦いに勝利、絶対王政をたぐり寄せていく。このとき、彼の有力な家臣となったのがリシュリューである。リシュリューはブルボン王家の母子対立の仲裁者となり、その過程でルイ13世にその能力を買われたのだ。

宰相となったリシュリューは、王権の拡大を目指す辣腕政治家であった。「私の第一目標は国王の尊厳であり、第二は王国の隆盛」とは、彼の言葉である。リシュリューは貴族の特権を奪い、彼らの子弟を王の軍に入れ、王直属の軍を強化した。地方総監（地方長官、アンタンダン）の権限を強化し、中央集権化を進めた。

リシュリューの手法は悪辣でさえあったが、ルイ13世はこれを認め、彼は宰相でありつづけた。彼は、イタリア出身の枢機卿マザランを政治家として登用、次代にも備えた。

1642年、リシュリューが死没、その半年のち、国王ルイ13世が没すると、新たに彼の子ルイ14世が即位する。ルイ14世はまだ5歳であり、彼に代わって統治を任されたのがマザランだ。

ルイ14世とマザランは、その統治のはじめに、フロンドの乱を経験している。貴族や高等法院の反乱で、「フロンド」とは投石玩具の一種である。この時代、すでにフランスでは宗教対立は収まっている。かりに反乱が宗教対立と結びつくなら、王家は大きくぐらついただろうが、その心配はない。マザランは、この乱を乗り切る。乗り切ったとき、貴族の力は衰え、王権はより強化されていた。「太陽王」ルイ14世の時代が、用意されていたことになる。

## デンマーク王の侵攻ではじまった三十年戦争第1ラウンド

1618年、神聖ローマ帝国内での宗教対立の悪化から、ドイツを戦場にした三十年戦争がはじまる。それは、ハプスブルク家の保守的なありようからはじまっている。

17世紀前半、オーストリア・ハプスブルク家には、カール5世時代のような栄光はなかった。ルドルフ2世とマティアスの兄弟は、皇帝位を巡って争ってもいたから、ハプスブルク家は揺らぐ。その支配域は、オーストリアのほかにボヘミア、ハンガリーにとどまっていた。なかでも、豊かなボヘミアはハプスブルク家にとって重要な地であり、ハプスブルク家としてはボヘミアを確実に支配する必要があった。

ただ、すでに述べたように、ボヘミアではかつて宗教改革者ヤン・フスが登場、フス派が神聖ローマ皇帝と戦ったように、プロテスタントが根強い。ハプスブルク家としては、ボヘミアを掌握するには、ボヘミアを完全にカトリック化する必要があった。

そこで、ルドルフ2世の従兄弟フェルディナント（のちのフェルディナント2世）が、ボヘミア王となった。彼はカトリックのイエズス会で教育を受けていて、ガチガチのカトリックであり、ボヘミアにカトリックを強制した。彼には、かつてルターを罰しなかったカール5世のような雅量はなかった。

これに対して、ボヘミアの住人が蜂起し、三十年戦争がはじまる。三十年戦争にあって、ボヘミアが国王として迎え入れたのは、プロテスタントのプファルツ選帝侯フリードリヒ5世である。フリードリヒ5世はイングランド王ジェームズ1世の娘エリザベスと結婚していたから、イングランドとの提携も視野にあった。

けれども、フリードリヒ5世とボヘミアを支援する者はなかった。肝心のイングランド王ジェームズ1世は、当時、スペインのハプスブルク家とも接近し、ハプスブルク家を敵に回したくなかった。フリードリヒ5世の軍は敗北、神聖ローマ皇帝となったフェルディナント2世によって、ボヘミアでは徹底的なカトリック強制が進行した。

ここで、新たに戦場に加わったのが、クリスチャン4世率いるデンマーク軍である。デンマークはプロテスタント化していたから、プロテスタント国として、三十年戦争に参加、ドイツへと南下した。

　それは、デンマーク王国の威信回復を求めた戦争でもあった。中世、デンマークは、スウェーデン、ノルウェーを従えて、北欧最強の王国を築き、神聖ローマ帝国に対抗意識さえも有していた。けれども、16世紀にデンマークはスウェーデンの独立をゆるしてしまい、同じプロテスタント王国のスウェーデンとは何かと競うようになった。そんななか即位したクリスチャン4世は、国家財政を安定させ、偉大なデンマークの復興を図った。彼はライバルであるスウェーデンに差をつけるために、三十年戦争に参加したのだ。

　これに対して、皇帝フェルディナント2世側では、フェリペ4世のスペインが加勢する。スペインもまたハプスブルク家であるうえ、カトリックであるから、皇帝フェルディナント2世を支援した。皇帝軍では、傭兵隊長ヴァレンシュタインやティリ将軍が主軸になって戦う。デンマーク軍は彼らに敗れ、ドイツから撤退していく。これにより、かつての大国デンマークの威信は失墜もしている。

## 新興のスウェーデン王が戦死した三十年戦争第2ラウンド

デンマーク王クリスチャン4世が敗れてのち、新たに三十年戦争に参戦するのは、スウェーデンである。スウェーデンには、「北海の獅子王」と称されたグスタフ＝アドルフ（グスタヴ2世）があった。

当時のスウェーデンは、新興に等しい国家であった。16世紀、デンマークの支配下にあったスウェーデンは、グスタフ＝ヴァーサを中心にデンマークと戦い、独立を達成する。グスタフ＝ヴァーサは、1523年にスウェーデン王に選出されている。これが、スウェーデンのヴァーサ朝のはじまりだ。

ヴァーサ朝の特徴は、すぐれた武人王が輩出しているところだ。18世紀初頭、ロシアのピョートル大帝と覇権を争ったカール12世は「ナポレオンの先駆」のように讃えられるが、同じくらいの軍事的才能を誇ったのが、グスタフ＝アドルフである。

グスタフ＝アドルフは、同じプロテスタント国オランダから専門家を招聘《しょうへい》して、スウェーデン軍の軍事改革に着手する。とりわけ彼は、騎兵・砲兵戦術を研究した。彼にはプロテスタント王としての自負もあり、ライバルのデンマークのクリスチャン4世が敗退したいま、自らがプロテスタント王として神聖ローマ皇帝と戦わねばならないと考えた。グスタフ＝アドルフを支援したのが、リシュリュー枢機卿のフランスである。

グスタフ＝アドルフを迎え撃ったのは、皇帝軍のティリ将軍だが、グスタフ＝アドルフの前に敗走する。こののちティリが戦死すると、皇帝軍の頼みはヴァレンシュタインとなる。

1632年、グスタフ＝アドルフ指揮するスウェーデン軍とヴァレンシュタイン率いる皇帝軍は（現在のドイツ東部の）リュッツェンで激突する。三十年戦争屈指の激戦を制したのは、スウェーデン軍だったが、グスタフ＝アドルフの戦死という犠牲を払ってのものだった。

リュッツェンの戦いは、相討ちのようなものであった。こののち、皇帝軍の切り札であったヴァレンシュタインは暗殺され、皇帝軍も人材を失う。

ここで存在感を増したのは、スペイン軍だ。スペイン軍は、疲れの色濃いスウェーデン軍をドイツ南部のネルトリンゲンで破る。かくして三十年戦争は、カトリック側の神聖ローマ皇帝フェルディナント2世の勝利で終わるかに見えた。だが、最後に大逆転が起こる。

## フランス・ブルボン王家の勝利と神聖ローマ帝国の解体

カトリック側の圧勝に終わるかに見えた三十年戦争を変えたのは、1635年、ブルボン家のフランスの参戦だ。フランスは、プロテスタント側に立って参戦してきた。

フランスは、カトリック国である。でありながら、三十年戦争にあっては、カトリックに味方せず、プロテスタント側に回ったのだ。すでにフランスは、プロテスタント国スウェーデンを資金面で援助していた。そのスウェーデンが失速したとあって、今度はフランス自身が戦いに加わってきた。

フランスが、プロテスタント側で戦ったのは、すべては国益のためである。フランスは、アンリ４世の才能、人格によって、すでに国内の宗教内戦ユグノー戦争を乗り越えていた。宗教対立を克服していったとき、宗教対立よりも大事なのはフランスの尊厳と栄光となる。宰相リシュリューはフランスを偉大な国にしようとしていたし、ブルボン家の国王ルイ13世もそのつもりであった。

フランスにとって重要なのは、ドイツとスペインのハプスブルク家をのさばらせないことである。すでに神聖ローマ皇帝カール５世の時代、ドイツとスペインのハプスブルク家にフランス王は痛い目に遭ってきた（１１８ページ）。ハプスブルク家の力を弱めるためなら、フランス王はなんだってしたのである。

フランスの参戦によって、皇帝軍は圧倒的優位を失った。スペインでは反乱も起きてい

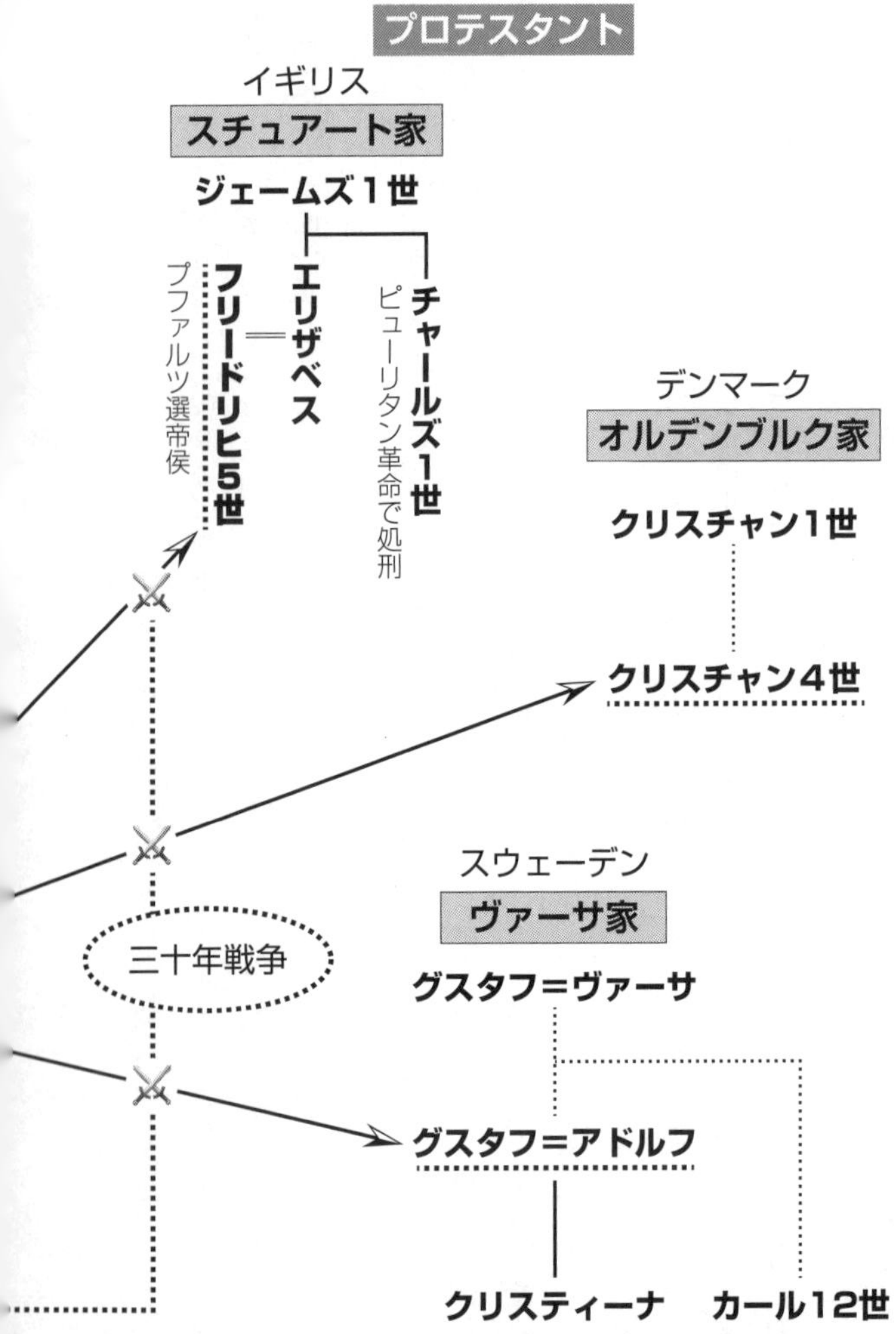

プロテスタント
イギリス
スチュアート家
ジェームズ1世
エリザベス
フリードリヒ5世
プファルツ選帝侯
チャールズ1世
ピューリタン革命で処刑
デンマーク
オルデンブルク家
クリスチャン1世
クリスチャン4世
スウェーデン
ヴァーサ家
グスタフ=ヴァーサ
グスタフ=アドルフ
クリスティーナ
カール12世
三十年戦争

## 三十年戦争

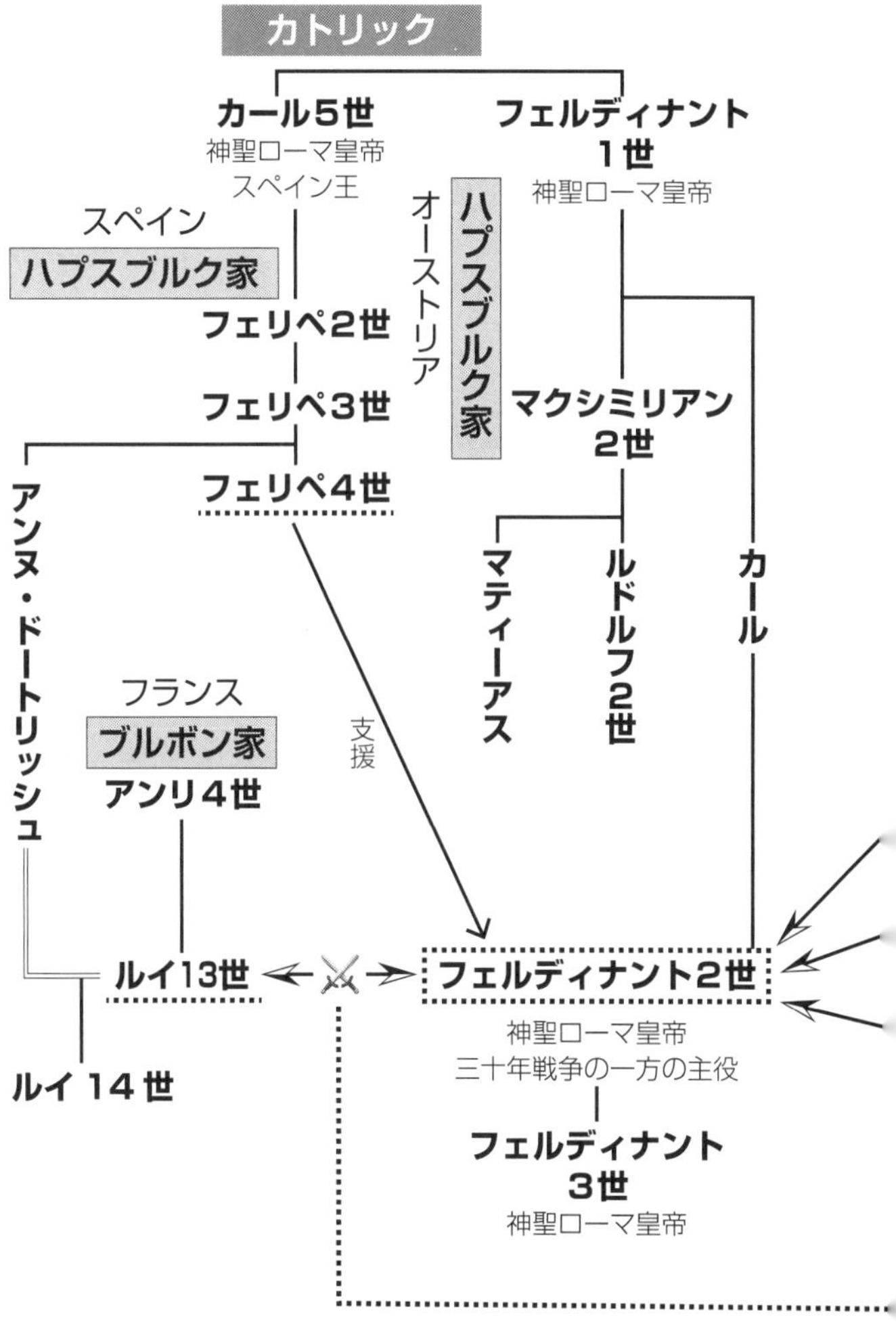
カトリック
カール5世
神聖ローマ皇帝
スペイン王
フェルディナント1世
神聖ローマ皇帝
スペイン
ハプスブルク家
オーストリア
ハプスブルク家
フェリペ2世
フェリペ3世
マクシミリアン2世
フェリペ4世
アンヌ・ドートリッシュ
マティーアス
ルドルフ2世
カール
フランス
ブルボン家
アンリ4世
支援
ルイ13世
フェルディナント2世
神聖ローマ皇帝
三十年戦争の一方の主役
ルイ14世
フェルディナント3世
神聖ローマ皇帝

たから、スペインはアテにならなくなる。神聖ローマ皇帝フェルディナント2世が没してのち、新たに即位したフェルディナント3世は、父と違い、戦争に見切りをつけはじめた。プラハがスウェーデン軍の手に落ちると、もはや講和しかない。カトリック、プロテスタントの両陣営は和議にはいり、1648年にウェストファリア（ヴェストファーレン）条約が交わされる。

世界初の多国間国際条約であるウェストファリア条約によって、ドイツは300近い領邦国家に分けられてしまった。領邦君主には国家主権が認められたから、もはや神聖ローマ帝国は形骸化してしまった。神聖ローマ皇帝には、ドイツに対して何の権限もなかった。そのため、ウェストファリア条約は、「神聖ローマ帝国の死亡診断書」とも呼ばれる。

ドイツとスペインのハプスブルク家も、躓いていた。ウェストファリア条約では、オランダとスイスの独立が正式に認められた。オーストリアのハプスブルク家はスイスを、スペインのハプスブルク家はオランダを完全に失った。三十年戦争を進めたスペイン王フェリペ4世は、芸術の大パトロンとして知られる。けれども、政治家としては無力であった。

結局、三十年戦争に勝利したのは、フランスとスウェーデンであった。スウェーデンはドイツの北部にも領地を得て、こののち版図を拡大する。デンマーク、ノルウェーからも領土を切り取り、「バルト帝国」と化していく。

一方、フランスはアルザスの大部分を獲得する。すでにルイ14世と宰相マザランの時代であり、フランスはルイ14世の栄光の時代に向かっていく。宗教騒乱のおよそ1世紀を経て、勝者となったのはフランスのブルボン家であり、敗者となっていたのはかつての覇者ハプスブルク家であった。

## 宗教対立の内戦で処刑された
## イングランド王チャールズ1世

1603年、イングランドに隆盛をもたらしたエリザベス1世が死去する。エリザベス1世に嗣子がなく、チューダー朝は断絶する。代わって、新たなイングランド王に迎え入れられたのは、スコットランド・スチュアート家の国王ジェームズ6世であった。彼は、ジェームズ1世としてイングランド王となる。

それは、チューダー朝の始祖ヘンリ7世の婚姻政策の賜物であった。ヘンリ7世は娘のマーガレットを、スコットランド・スチュアート朝のジェームズ4世に嫁がせていた（113ページ）。ジェームズ6世は彼らの曾孫に当たり、チューダー王家の血を継承していたのだ。

これにより、イングランドとスコットランドは同じスチュアート家の君主を戴く同君連合体になったが、スチュアート王家はやがてイングランドで孤立していく。彼らがしだいにカトリックに傾いていったからだ。イングランドでは、エリザベス1世の時代に「反カトリック法」が制定されるほど、カトリックは少数派になっていたが、スチュアート王家はその少数派の方向に傾き、人気を失っていった。

ジェームズ1世の時代は、それがまだ抑制されていた。彼は、エリザベス1世の宗教政策を継承しつつ、カトリックにもプロテスタントにも宥和的であった。それは、彼の婚姻政策にも見られる。

ジェームズ1世は、娘エリザベスをドイツのプファルツ（ファルツ）選帝侯フリードリヒ5世に嫁がせている（152ページ）。これはジェームズ1世のプロテスタント同盟戦略である。イングランド、オランダ、プファルツ（ファルツ）というプロテスタント枢軸ラインを形成して、カトリック国フランスや神聖ローマ帝国を牽制しようというものだが、この構想はすでに述べた三十年戦争で腰砕けになる。ただ、エリザベスの血はドイツで引き継がれ、18世紀に成立するハノーヴァー朝に至る。

その一方、後年、ジェームズ1世は嫡子チャールズ（のちのチャールズ1世）の妃に、フランス・ブルボン朝の始祖アンリ4世の娘アンリエッタ・マリア（ヘンリエッタ・マリア）を迎えている。一時的な親フランス路線のためだが、ジェームズ1世はプロテスタント、カトリックへのとらわれが薄かったともいえる。

けれども、1625年、ジェームズ1世が没してのち、新たに国王となったチャールズ1世となると、カトリックに強く傾斜をはじめる。彼の妃マリアは熱心なカトリックであり、金遣いも荒かった。このあたりの妃の行状が、イングランドでのチャールズ1世の評判を落としてしまった。イギリス国教会ではピューリタン（清教徒）が主導的であったから、カトリックに傾いたチャールズ1世は孤立していった。

チャールズ1世は議会とも対立、1642年、国王派と議会派に分かれての内戦（シヴィル・ウォー）がはじまる。内戦は宗教騒乱でもあり、長期化するが、最後には厳格な軍人でもあるオリヴァー・クロムウェル率いる議会派が勝利する。敗れたチャールズ1世は、捕らわれの身となった。

1649年、チャールズ1世は特別法廷で裁かれ、処刑と決まる。このとき、チャールズ1世は、いっさいの弁解を拒みつつ、こうも述べている。「これは朕《ちん》だけの問題ではない。

イングランドの人民の自由に関係する事柄である。諸君がどう言い張ろうと、朕は自由のために立つ。なぜなら法を持たない力が法律をつくることができ、王国の基本法を変えることができるなら、イングランドの人民の自由を保障しえないからだ」

法廷にあった裁判委員たちは、チャールズ1世をどう裁くか逡巡し、死刑だけは避けようとした。裁判委員135名のうち、死刑に署名したのは59名にすぎなかった。にもかかわらず、チャールズ1世の処刑が決まった。クロムウェルが、強引に処刑を強行させたのだ。

チャールズ1世の処刑は、独裁者クロムウェルを頂点とするプロテスタントたちが王の聖性を否定しようとした結果でもあろう。これまで王の聖性はカトリックの教皇や大司教に保障されていたのだが、イングランドは、反カトリックにはしっていた。プロテスタントたちが反カトリックを掲げるほどに、王の聖性は薄れ、王の処刑をためらわない者も現れたのだ。処刑ののち、クロムウェルは、「神は国王が生きるのを喜ばないのだ」と語っている。これが「清教徒（ピューリタン）革命」といわれる事件のあらましだ。

貴族や市民の手によるチャールズ1世の処刑は、ヨーロッパの王家にとっては衝撃であった。王家にとってあってはならない事件であったが、ヨーロッパの大国フランスやスペインがイングランドに干渉することはなかった。当時、三十年戦争によってスペインは疲弊していたし、フランスはフロンドの乱を経験することになり、イングランドでの騒動に関わってはいられなかったからだ。

## スチュアート王家はなぜ復権できたのか？

イングランドでは、チャールズ1世の処刑よって、スチュアート朝は一時、断絶する。代わって、イングランドを支配したのは、オリヴァー・クロムウェルである。

1653年、イングランドでは「統治章典」が成立、そこには最高の立法権は「ただ一人と議会」にあると記された。「ただ一人」とは、「護国卿（ロード・プロテクター）」であり、彼が行使できる権力は、歴代国王たちと変わらなかった。クロムウェルは護国卿に就任、新たな「国王」が登場したといってもよかった。

実際、イングランドでは、その後、「クロムウェル王朝」が誕生してもおかしくなかった。議会はクロムウェルを王位に就けようとしたが、これはクロムウェルが拒否している。それが彼の本心なのか、あるいは時期尚早と判断したためかは、謎のままだ。クロムウェルが死去すると、新たに護国卿となったのは、彼の子リチャードである。護国卿は世襲化されたも同然であり、リチャードが強権を発揮するなら、ここでクロムウェル朝が成立したかもしれない。

けれども、リチャードは国内の混乱を収拾できなかった。のちのフランス革命やロシア革命がそうであったように、王の処刑は、既存の権威と秩序の崩壊をもたらし、社会の混乱を招く方向に動く。オリヴァー・クロムウェルのような強烈な独裁者なら徹底した統制により社会の混乱を防いでみせることもできたのだが、子のリチャードには無理であった。彼は、護国卿の座を放り出してしまった。

イングランドでは権力と権威の空白が生まれ、秩序の復旧が求められた。ここで求められたのが、処刑されたチャールズ1世の子チャールズ2世である。彼が亡命先のフランスから帰還するや、歓呼の声で迎えられた。

いったんは処刑されたイングランド王だが、それでもなおイングランドの議会や実力者たちは国王を必要としていた。国王は社会の混乱を鎮める、国の重しとなっていたのだ。

## オランダ総督による
## イングランド王位簒奪でもあった「名誉革命」

チャールズ2世によって再開となったスチュアート朝だが、またも宗教問題で失速する。チャールズ2世の弟ジェームズ（のちのジェームズ2世）が、カトリックに改宗していたのだ。

そもそも、彼らの父チャールズ1世が処刑される内戦に至ったのは、チャールズ1世一家のカトリック信仰問題からでもあった。イングランドは、またもカトリック王家という問題を抱えることになったのだ。

チャールズ2世には嫡子がなかったから、彼の死後、弟ジェームズがジェームズ2世として即位する。イングランドのプロテスタントが望まないカトリック王の登場である。彼の妃メアリもカトリックであり、ジェームズ2世とメアリの間から嫡子が誕生すると、次の王もカトリック王となるだろう。以後、イングランドの国王は代々カトリック王となる。イングランドのプロテスタントは、ジェームズ2世一家に強い反感を持った。

イングランドの政治家には、さらなる危惧があった。ジェームズ2世一家の背後には、フランス・ブルボン家のルイ14世があったからだ。父チャールズ1世がブルボン王家アンリ4世の娘マリアと結婚したことで、ジェームズ2世はブルボン家の血を受け継ぎ、ルイ14世の親戚筋となっていたのだ。

アンリ4世の発したナントの王令（143ページ）によってユグノーの信仰、市民権を認めたフランスだが、孫のルイ14世はカトリック優遇を隠さなかった。寛容な祖父と違い、ルイ14世の時代、ナントの王令は停止され、ユグノーは迫害されていた。

イングランドでジェームズ2世一家の王朝がつづくなら、ルイ14世を真似て、イングランドでも同じようにプロテスタントが迫害されかねない。しかも、フランス・ブルボン王家に従属したような格好にさえなろう。実際、ルイ14世はジェームズ2世を資金面で支援し、その代償として大陸の揉め事に関わらないようにもさせていた。

この危機感から、イングランド議会は、オランダ総督オラニエ公ウィレム3世に秘密裡に接近する。ウィレム3世は、オランダ独立戦争を戦ったオラニエ公ウィレムの曾孫に当たる。彼の妻はジェームズ2世の娘メアリ（のちのメアリ2世）であり、重要なことに彼女はプロテスタントであった。ウィレム3世も、プロテスタントである。

イングランド議会は、ウィレム3世の軍事力に期待した。彼に現国王ジェームズ2世を打ち破らせ、代わりにジェームズ2世の娘メアリをプロテスタント王にしようと画策したのだ。ウィレム3世はこれを了承し、1688年、大軍を引き連れ、ブリテン島に上陸する。ジェームズ2世に与する者はなく、ジェームズ2世はフランスへと亡命した。

これが、後世名付けるところの「名誉革命」のあらましだが、じつはイングランド議会には想定外の出来事が待っていた。ウィレム3世が、イングランド王の座を要求したからだ。議会は当初、これに難色を示したが、結局はメアリ2世との共同統治の王として、彼をウィリアム3世として即位させた（129ページ）。

即位にあたって、両王は議会の提出した「権利の宣言」を承認し、「権利の章典」を発布した。これにより、国王の権限が制限され、イングランドは立憲王政へと向かうことになった。ウィリアム3世が国王の権限の制限を簡単に受け入れたのは、彼が共和制国家オランダの出身だったからだろう。この時代、フランスではルイ14世があり、絶対王政を進めている。イングランドは、その逆を行こうとしたのだ。

イングランドでのウィリアム3世即位劇は、じつはウィリアム3世によるイングランド乗っ取りであったという見方もある。彼はオランダ総督として、つねにフランスのルイ14世と戦わねばならない立場にあった。

当時、ルイ14世はプファルツ継承戦争に乗り出していた。プファルツ選帝侯カール2世が死没してのち、ルイ14世は弟のオルレアン公フィリップ夫妻を選帝侯にしようとした。それは、ヨーロッパの勢力均衡を崩しかねないものであり、神聖ローマ皇帝、オランダ、スペイン王などはアウクスブルク同盟を結成、フランス軍と戦っていた。

ウィリアム3世は、この戦いにイングランドを巻き込みたかった。そこで、わざわざイングランドに押しかけ、カトリック王ジェームズ2世を追い払い、強引にイングランド王の座に就いたのだ。イングランドとオランダが一種の同君同盟の関係となれば、イングランドもアウクスブルク同盟に加わらざるをえない。

実際、このあとのウィリアム3世の戦いは、フランスの野望を阻止するためのものであった。また、ウィリアム3世の時代、イングランド議会とスコットランド議会が合同、連合王国が誕生している。日本でいうところのイギリスだ。

## スペインからハプスブルク家が消え、ブルボン王家が誕生

フランスの王政は、ブルボン王家のルイ14世の時代に絶頂に達する。

それまでにフランスにはリシュリュー、マザランというすぐれた宰相が登場、国政を安定させていた。ルイ14世はマザランの薫陶《くんとう》を受け、マザラン死してのち、親政を開始する。

ルイ14世を支えたのは、マザランに登用された財務総監コルベールであり、彼の重商主義

政策のもと、ルイ14世には莫大なカネがあった。彼は莫大な富によってフランス文化を育て、フランスの版図拡大を求めた。

けれども、ルイ14世の覇権への野望は挫折を繰り返す。ルイ14世の野望を警戒するヨーロッパ諸国が、ルイ14世の野心に対して次々と同盟を結成して対抗したからだ。

そのルイ14世最後の戦争が、1701年からのスペイン継承戦争となる。ハプスブルク家のスペイン王カルロス2世が継嗣なく、死没したときだ。もともとカルロス2世死去の折には、フランス、イギリス、オランダの3国がスペインを分割する腹積もりであったようだが、カルロス2世は遺言を残していた。遺言によれば、ルイ14世の孫アンジュー伯フィリップが次期スペイン王に指名されていた。ルイ14世は、スペイン・ハプスブルク家の王女マリア・テレサ（マリ・テレーズ）と結婚していて、フィリップは彼らの孫に当たった。

ルイ14世は、カルロス2世の遺言に沿い、孫フィリップをスペイン王フェリペ5世として即位させた。このままではフランス・スペインの同君連合が誕生しかねず、イギリス、オランダ、神聖ローマ皇帝はハーグ同盟を結成、これがスペイン継承戦争となる。

戦いは10年以上つづき、1713年のユトレヒト条約、1714年のラシュタット条約で終結する。2つの条約では、フェリペ5世のスペイン王位継承が認められた。その代償として、フランスとスペインの同君連合化は否定され、フランスは新大陸にあった植民地をイギリスに明け渡した。スペイン・ブルボン王家は、ミラノ、ナポリ、シチリア、サルデーニャなどの土地を、オーストリア・ハプスブルク家に引き渡している。

それは、ルイ14世にとって苦い勝利でもあったが、スペインからハプスブルク家が消え去り、ブルボン王家が成立したこともたしかだ。血統の争いという点では、ブルボン王家は勝利したともいえる。現代に残るスペイン王家は、ブルボン家のフェリペ5世の末裔になる。スペイン国内で、王家の評判は芳しいとはいえないが。

6章

# 新興の皇帝、王たちの新たな戦いが、ドイツ、ロシアの礎をつくった

## 軍事的天才君主たちが果たしたヨーロッパ版下剋上

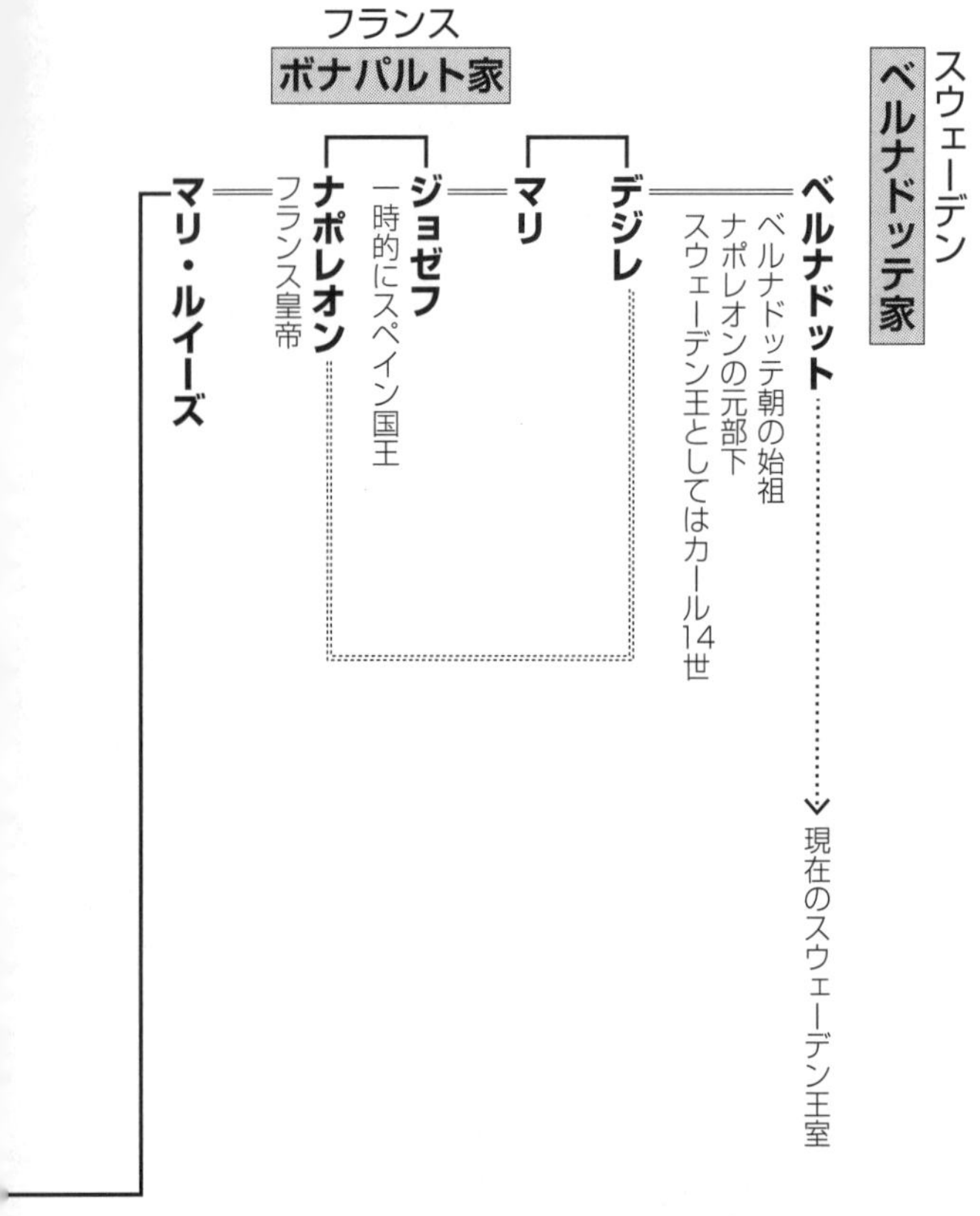
スウェーデン
ベルナドッテ家
ベルナドット
ベルナドッテ朝の始祖
ナポレオンの元部下
スウェーデン王としてはカール14世
現在のスウェーデン王室
デジレ
マリ
フランス
ボナパルト家
ジョゼフ
一時的にスペイン国王
ナポレオン
フランス皇帝
マリ・ルイーズ

## 新興の皇帝たち

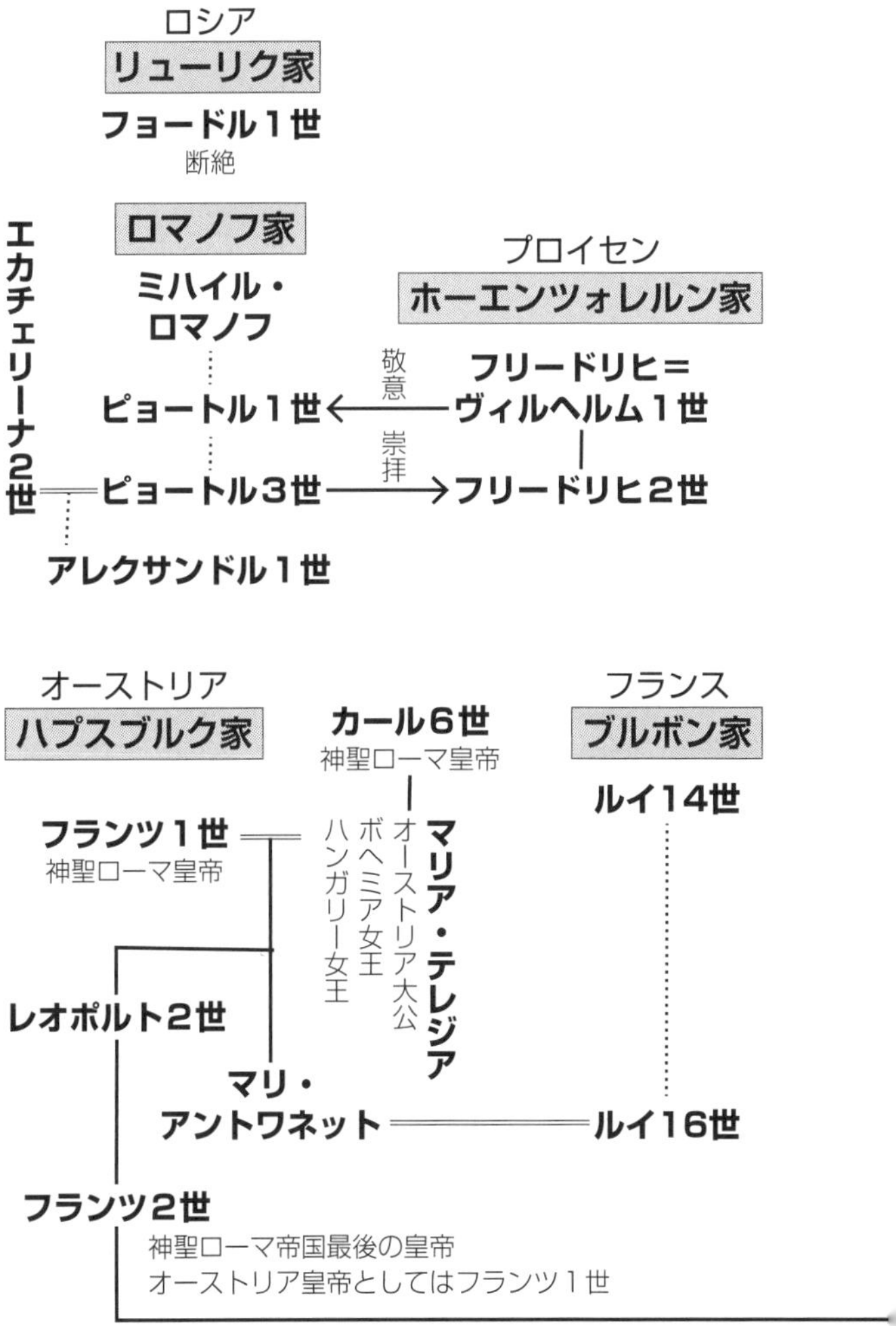
ロシア
リューリク家
フョードル1世
断絶
ロマノフ家
ミハイル・
ロマノフ
ピョートル1世
ピョートル3世
エカチェリーナ2世
アレクサンドル1世
プロイセン
ホーエンツォレルン家
フリードリヒ＝
ヴィルヘルム1世
フリードリヒ2世
敬意
崇拝
オーストリア
ハプスブルク家
カール6世
神聖ローマ皇帝
フランツ1世
神聖ローマ皇帝
マリア・テレジア
オーストリア大公
ボヘミア女王
ハンガリー女王
レオポルト2世
マリ・
アントワネット
フランツ2世
神聖ローマ帝国最後の皇帝
オーストリア皇帝としてはフランツ1世
フランス
ブルボン家
ルイ14世
ルイ16世

## 「巨人の対決」スウェーデン王カール12世 vs ロシア皇帝ピョートル1世

18世紀から19世紀初頭にかけて、ヨーロッパは軍事的天才君主によって、ロシア、プロイセンといった新興国が下剋上を果たすかのように台頭する。その軍事的天才君主の登場の総仕上げとして登場するのが、フランスの皇帝ナポレオンとなる。

まずは、ロシア・ロマノフ家のピョートル1世についてだが、彼にはあまりに強大な敵スウェーデン・ヴァーサ家のカール12世があった（152ページ）。ピョートル1世、カール12世は、ともに当代屈指、いや歴史的にも屈指の軍事指導者であり、彼らの戦いは、「大北方戦争」とも呼ばれる。

ロシアについていえば、「雷帝」といわれたモスクワ大公イヴァン4世の子フョードル1世が1598年に没してのち、リューリク朝の血統は断絶した。ロシアでは政治的混乱がつづき、ポーランドがモスクワを占拠する時代もあったが、1613年、貴族たちによってミハイル・ロマノフがツァーリ（ロシアなどスラブ圏での君主の称号）に擁立される。

ミハイル・ロマノフはリューリク家の血をひかないが、彼の父フィラレートはリューリク朝最後のツァーリ・フョードル1世の従兄弟であった。その血統と、まだ17歳でしかない若さが御しやすいと見られて、ミハイル・ロマノフは新たな統治者に推された。これが、ロシアのロマノフ朝のはじまりとなる。

ピョートル1世は、ミハイル・ロマノフの孫に当たる。ピョートル1世の課題は、遅れたロシアの文明化であった。彼は西ヨーロッパに使節団を送り、西ヨーロッパのすぐれた科学技術を学ばせた。ピョートル1世自身、オランダのアムステルダムの造船所で船大工として働いている。彼の軍事的才腕は、オマスン帝国の要塞アゾフ攻略に発揮され、各国を驚かせていた。

一方、スウェーデンは「バルト帝国」として、ヨーロッパの大国の地位を目指していた。スウェーデンでは、カール10世、カール11世と戦士的な国王がつづき、1697年に即位したカール12世もまたそうだったが、彼はまだ15歳であった。

ロシアのピョートル1世、デンマークのフレデリック4世、ポーランドのアウグスト2世らは、これを好機と見た。いまこそ巨大化しすぎたスウェーデンを叩き、スウェーデンから領地を切り取るチャンスと、スウェーデンへ共同攻撃を仕掛けたのだ。

カール12世は、これに素早く対応する。彼はデンマークとポーランドの動きを封じ、（現在のエストニア北東部の）ナルヴァでピョートル1世のロシア軍と激突する。ナルヴァの戦いでは、ロシア軍の3分の1以下のスウェーデン軍がロシア軍を撃破し、カール12世はその軍事的天才を発揮した。当時のピョートル1世では、カール12世の才幹に及ばなかったのだ。

このあと、カール12世のスウェーデン軍はポーランドに侵攻、ワルシャワを陥落させる。ポーランド王アウグスト2世は、（現在のポーランド南部の）クラクフ（クラカウ）にまで逃走した。カール12世の「バルト帝国」は、ロシアを破り、ポーランドを浸食していったのだ。

## 「焦土戦術」でついに宿敵を破ったピョートル大帝

1707年、ポーランドにあったカール12世率いるスウェーデン軍は、ロシアに向かった。ナルヴァの戦いでロシア軍に勝利を収めて以来、7年ぶりのピョートル1世との対決だ。そこに待ち構えていたのは、より狡猾となっていたピョートル1世であった。

ピョートル1世が採用したのは、「焦土戦術」である。ピョートル1世は、ロシアの広大な土地、つまり縦深の深さを利用した。敵を広大な土地に引き込み、ここで消耗させていくのだ。ピョートル1世は前線からロシア軍を撤退させ、スウェーデン軍の侵攻が予測される地帯の農地を焼き払い、製粉所を破壊した。それはロシアの大地を破壊し、農民を困窮に追いやるものであったが、同時にスウェーデン軍を窮乏化させるものでもあった。カール12世のスウェーデン軍は食糧難に喘ぎ、進撃が止まってしまった。

さらにピョートル1世は、ウクライナのコサック（戦士集団）を味方につけることに成功した。当時、ウクライナのコサックたちのヘトマン（頭領）は、マゼパ（マゼッパ）であった。彼はウクライナ・コサックのロシアからの独立を狙い、カール12世に接近していた。カール12世もウクライナ・コサックをアテにしていたと思われるが、これを見たピョートル1世はウクライナの懲罰に出た。とくにマゼパの根拠を徹底破壊してみせ、その恐ろしさを見せつけた。ウクライナのコサックは恐怖からマゼパを見限り、ピョートル1世に与した。ロシアでは、ものわかりのいい君主よりも、「恐れられる君主」こそが生き残るのだ。

1709年、窮したカール12世率いるスウェーデン軍は、食糧のあるポルタヴァ要塞の攻略を狙う。すでに戦うまえからスウェーデン軍は窮乏していたから、ウクライナ中部のポルタヴァの戦いにあって、ロシア軍に完敗。敗れたカール12世はオスマン帝国まで逃亡

ピョートル大帝時代のロシア

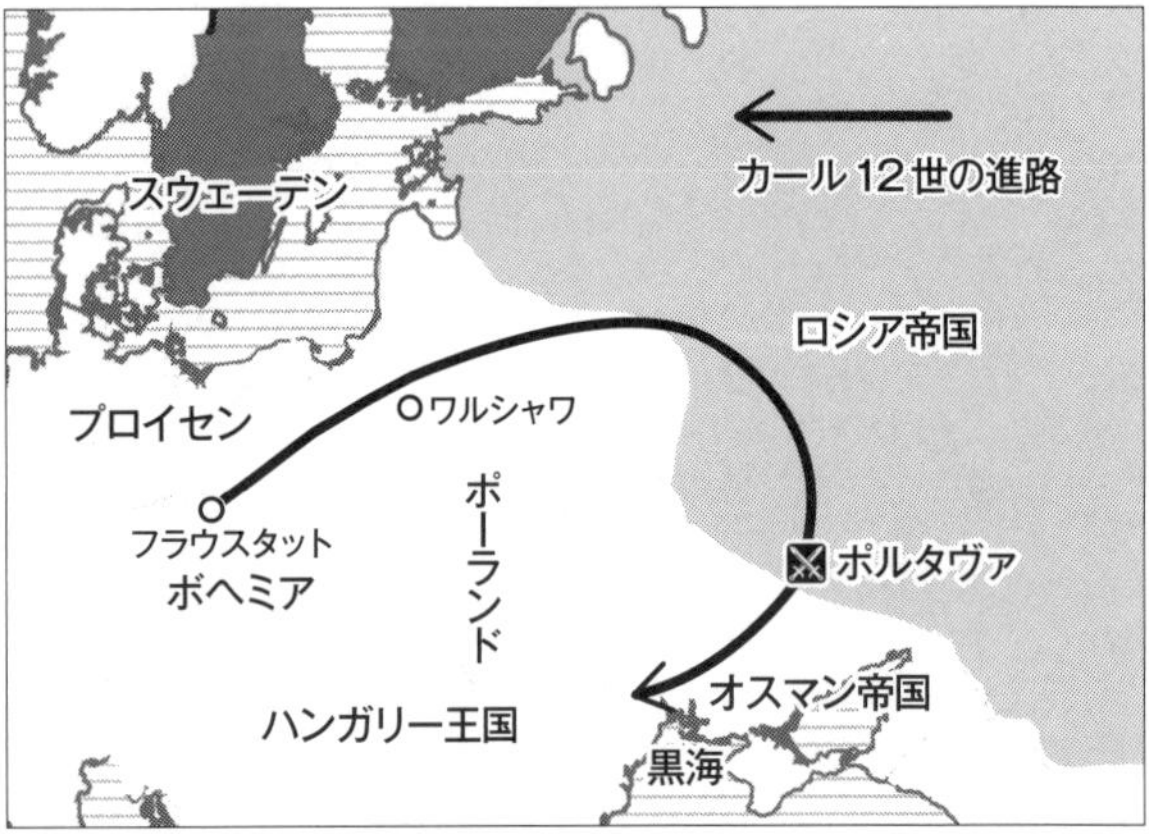


する。

カール12世が、本国スウェーデンに帰国するのは、1714年のことだ。カール12世は劣勢を挽回すべく、ノルウェーとの戦いに乗り出すが、流れ弾によって戦死している。

カール12世なきスウェーデンは、もはやロシアに抗し得なかった。ロシアとはニスタット条約を結び、領地を割譲している。これにより、スウェーデンの「バルト帝国」は瓦解し、代わってピョートル1世のロシアがバルト海の覇者となり、北欧、東欧にかけての最強国となった。ピョートル1世は、カール12世相手の熾烈な戦いに勝ち抜き、ロシアを大国に育てあげようとしていた。

ピョートル1世の焦土戦術は、後世、ロシアの指導者たちに継承されている。フランスのナポレオン、ドイツのヒトラーの野望を挫《くじ》いたのも、ロシアの焦土戦術だ。

## オーストリアで下剋上をはじめたプロイセンのフリードリヒ2世

ロマノフ家のロシアにつづいて、ヨーロッパで新興大国を目指したのは、ホーエンツォレルン家のプロイセン王国である。ホーエンツォレルン家はもともとブランデンブルク辺境伯（選帝侯）であり、新興のプロイセンを相続によって併合することで、プロイセン王国の君主となった。１７００年前後、ドイツの領邦国家の君主はちゃっかり「王」を名乗りはじめていて、ホーエンツォレルン家の者もこれに倣ったのだ。プロイセン国王を任命したのは、神聖ローマ皇帝だ。

18世紀前半、プロイセンの強国化を目指したのは、ホーエンツォレルン家のフリードリヒ＝ヴィルヘルム1世である。彼はロシアのピョートル大帝とも親交があり、ピョートルがロシアを軍事大国に成長させたように、プロイセンの軍事大国化を目指した。

フリードリヒ＝ヴィルヘルム1世は、そのために軍隊の「国有化」に着手している。それまで軍隊は王の所有物であったが、私有財産ゆえに、貧乏な王家では巨大な軍隊を保持できない。軍隊を国家所有とするなら、国の予算を注ぎ込むことにより、プロイセンのような弱小国でもそれなりの兵を揃えることができる。

フリードリヒ＝ヴィルヘルム1世は、農民に軍事教練を施し、有事には兵士として使えるほどに育てた。現在のドイツにもある強い規律が農民にまで広がり、プロイセンの軍事力は高まった。

その軍事力をフルに利用したのが、フリードリヒ＝ヴィルヘルム1世の子・フリードリヒ2世である。フリードリヒ2世は、粗野な父親とは違い、芸術を愛し、『反マキャヴェリ論』を書き上げるほどの文化人でもあった。けれども、いざ国王となると、マキャヴェリズムに徹し、プロイセンの強国化に夢中になりはじめた。

彼が狙ったのは、ハプスブルク家のオーストリアの領地である。1740年、オーストリア・ハプスブルク家のカール6世が没したとき、娘マリア・テレジアはいたものの、嫡子はいなかった。新たに即位したのは、マリア・テレジアの夫フランツ1世である。

フランツ1世は、もともとフランス北東部のロレーヌ公国の君主（ロレーヌ伯）であった。ハプスブルク家が男系の当主を求めたとき、彼はマリア・テレジアの夫としてハプルブルク家の後継者におさまっていったのだ。当時、マリア・テレジアの夫候補にはフリードリヒ2世も挙がっていた。けれども、結局、マリア・テレジアと恋仲であったハプスブルク家の血を引くフランツがマリア・テレジアと結婚し、皇帝となったのだ。実質はマリア・テレジアが「女帝」として君臨したのだが、ドイツの領邦君主たちはこの継承を不当と見た。バイエルンやザクセンの王たちは、自らに相続権があると主張しはじめた。

その矢先、フリードリヒ2世のプロイセン軍はオーストリアのシュレジエンに侵攻する。フリードリヒ2世の言い分とは、オーストリアの皇帝継承を認める代わりに、工業地帯であるシュレジエンを割譲せよというものだ。これが、オーストリア継承戦争である。

そこには正当性はないのだが、鍛え上げられたプロイセン軍は、大国オーストリアの軍を圧倒する。プロイセン側には、バイエルンやフランスも回っていた。こうして、フリードリヒ2世は、オーストリアからシュレジエンを奪い取る。ドイツでは、ホーエンツォレルン家のプロイセンが、下剋上による浮上をはじめたのだ。

## ブルボン家との結託で逆襲に出たマリア・テレジア

プロイセンのフリードリヒ2世に煮え湯を呑まされたオーストリア・ハプスブルク家の

「女帝」マリア・テレジアは、オーストリア継承戦争後、反撃に出る。それは、「外交革命」と呼ばれるほどのインパクトがあった。彼女は、フランスのブルボン家を味方につけるのに成功したのだ。

これまでハプスブルク家とブルボン家はつねに争い、ヨーロッパの覇を競ってきた。両家は犬猿の仲にあったといっていいが、マリア・テレジアはフリードリヒ2世を懲らしめるためなら、過去にとらわれなかった。

オーストリア継承戦争でもそうだったように、フランスはかならず、オーストリアの敵に与する。次なる復讐戦にあっても、またフランスがプロイセンに味方したのでは、オーストリアの勝ち目は薄くなる。そこで、プロイセンを孤立させる意味でも、マリア・テレジアはフランスを味方につけようとしたのだ。

この対仏接近によって、マリア・テレジアの末娘マリ・アントワネットは、のちにフランス・ブルボン家のルイ16世に嫁ぐことになる。それが、思いもよらぬ悲劇を招こうとは当時、誰も予測はできなかった。

マリア・テレジアのプロイセン孤立化計画は、ロシアも組み込んでいる。オーストリアは、ロシア・ロマノフ家の「女帝」エリザヴェータに接近する。ピョートル1世の娘エリザヴェータはプロイセン嫌いだったから、オーストリアに与した。

こうしてプロイセン包囲網が完成していったとき、プロイセンのフリードリヒ2世は焦る。彼は軍を（現在のドイツ東部の）ザクセンに侵攻させ、ここに新たな戦争「七年戦争」がはじまった。七年戦争にあって、プロイセンに与したのはイギリスのみである。それも、イギリスは資金面でプロイセンを支援するのみだったから、プロイセン一国でオーストリア、フランス、ロシアなどと戦わねばならなかった。

そこから先、フリードリヒ2世の苦闘がはじまる。プロイセンは劣勢の連続にあったが、ときにフリードリヒ2世の才腕によって大きな勝利をつかみ、持ちこたえつづけていた。ただ、戦いが長期化するに及んで、プロイセンに勝ち目はないかに思われた。

そこに、思わぬ事件が起きる。1762年、ロシアの女帝エリザヴェータが死去し、新たにピョートル3世が即位した。ピョートル3世は、戦線から離脱したのみならず、フリードリヒ2世に与する姿勢を見せたのだ。

ピョートル3世は、ピョートル1世の孫に当たるが、彼は14歳までドイツで育っていた。そのためドイツに親近感を持ち、当代屈指の英雄でもあるフリードリヒ2世の崇拝者にもなっていたのだ。彼はドイツ人の英雄の役に立ちたいと願い、奪った領地の返還まで申し出ていたのだ。

ロシアの離脱によって、プロイセンは息を吹き返し、マリア・テレジアも戦争を断念せざるをえなくなった。フリードリヒ2世のプロイセンはシュレジエンを守りきり、オーストリア、フランスの猛攻撃に耐え抜いたことで、国際的な地位を上昇させた。一方、ハプスブルク家のオーストリアは、その威信を低下させることになったのだ。

## フリードリヒ2世と結んでポーランドを分割した女帝エカチェリーナ2世

七年戦争の帰趨に大きな役割を果たしたロシアのピョートル3世を待ち受けていたのは、近衛連隊によるクーデターであった。フリードリヒ2世崇拝者のピョートル3世が行っていたのは、利敵行為であった。ロシアはプロイセン相手の七年戦争に多くのカネを注ぎ込み、多くの兵士を失っていた。その見返りがゼロという結果に、ピョートル3世は見切りをつけられたのだ。

クーデターによって新たに即位したのは、廃されたピョートル3世の妃エカチェリーナ（エカテリーナ）であった。彼女は、プロイセンの小公国のアンハルト・ツェルプスト公の娘である。ピョートル3世がドイツにあった時代、彼の妻に選ばれていた。彼女はドイツ人でありながら、ロシアの貴族らには信望があり、エカチェリーナ2世としてツァーリに推されたのだ。

エカチェリーナは、このときを待っていたと思われる。夫ピョートル3世は精神的に不安定であるうえ、ドイツ好みを隠さず、ロシアの貴族を落胆させていた。一方、彼女は早くからロシア語を習得し、ロシアに同化していた。夫ピョートル3世がロシア人に見限られたとき、自らに信望が集まることを計算していたと思われる。彼女こそが、クーデターの黒幕ではないかとの説もある。

実際、エカチェリーナ2世は「女帝」としてロシアをよく統治した。貴族と手を結び、経済活動にも力を入れ、ロシアの宮廷は華やかなものとなる。

エカチェリーナ2世は、啓蒙思想家ヴォルテールとも親交があり、文化の理解者であった。その一方、皇帝としては、プロイセンのフリードリヒ2世と同じくマキャヴェリストであった。彼女は、フリードリヒ2世と共謀して、ポーランド分割にも取りかかっている。

1763年、ポーランド王アウグスト3世が没すると、エカチェリーナ2世は新国王に寵臣のスタニスワフ・ポニャトフスキを送り込んだ。けれども、彼はエカチェリーナ2世の意に反して、ポーランドを守ろうとした。そこから先、フリードリヒ２世とエカチェリーナ２世が結びつき、ポーランドの切り取りにかかった。

これに遅れまいとしたのは、オーストリアのマリア・テレジアである。彼女は、プロイセンとロシアのみが強大化することを恐れ、自らもポーランド分割に加わった。分割は１７７２年にはじまり、１７９５年には完全分割され、ポーランドは消滅している。

## なぜフランス革命下、国王ルイ16世は処刑されたのか？

１７８９年、フランスでは群衆がパリのバスティーユ監獄を襲う。それは騒擾《そうじょう》事件でしかなかったが、ここからフランス革命が進展していく。

フランス革命は、フランスの国家財政の行き詰まりからはじまった。「太陽王」といわれたルイ14世は軍事や宮廷のために多大な出費をしていた。そのツケが、ルイ16世の時代に回ってきたたし、ルイ16世の時代、アメリカ独立革命の支援にもカネを使っていた。

ルイ16世は、悪くいえば優柔不断、よくいえば革命に宥和的な王であった。革命の共和思想を理解し、立憲君主制を受け入れようとした。彼は、フランス人の「父」たらんとした。革命が穏やかに進めば、フランスはイギリスのような立憲君主制に移行できたかもしれないが、多くの革命がそうであるように、革命は急進化する。

革命の急進化が、ルイ16世一家の身の安全を脅かすようになると、一家の不安は増していく。彼らの記憶には、およそ140年前、イングランドで起きた国王チャールズ1世の処刑（155ページ）があったかもしれない。そこから先、1791年、王一家は、王妃マリ・アントワネットの実家オーストリア・ハプスブルク家の保護を得ようと、パリを脱出する。優柔不断なルイ16世は、この逃亡計画に乗ってしまった。逃亡劇は国境に近いヴァレンヌで発覚、国王一家はパリに戻らされた。

このヴァレンヌ逃亡事件によって、ルイ16世はフランス人からフランス王としての信頼を失う。マリ・アントワネットは、「オーストリア女」と侮蔑されるようになった。ルイ16世の威信低下は、革命をさらに急進化させようとしていた。

1792年、フランスは、革命に敵対的なオーストリアに宣戦を布告した。一部の者は戦勝によって革命を強化できると考え、ルイ16世は革命の急進化を食い止めるため、敗北さえも期待して、これを認めていた。フランス軍には革命の理想に魅了された義勇兵たちが加わり、ヴァルミーの戦いでオーストリア・プロイセン連合軍を破った。それは、革命後初の輝かしい勝利であった。この勝利の興奮から、国民公会は王権の廃止を決議する。ルイ16世は、ただの一人の人間「ルイ・カペー」として扱われるようになった。

王権の廃止は、急進派をさらに過激化させようとしていた。急進的なジャコヴァン・クラブに支配されたモンターニュ派は国王裁判を持ち出し、国王処刑案を提出する。後にフランス革命の指導的立場に立つロベスピエールは、ルイ16世を「国民に対する裏切り者、人類に対する罪人」であると訴え、ルイ16世の処刑が決まった。賛成361、反対360、条件付き賛成26という均衡の中でのことだ。

1793年1月、ルイ16世は革命広場（のちのコンコルド広場）で処刑されている。彼は、「人民よ、わたしは無実のうちに死ぬ」と叫んでいる。のちに、マリ・アントワネットも処刑されている。

フランス革命下、ルイ16世が処刑されたのは、革命を進めていた者らが王に聖性を見なくなっていたからでもあろう。イングランドでのチャールズ1世処刑に近い情況が、革命フランスで進行していたのだ。

これまで王はキリスト教信仰と結びつき、聖性を得てきた。ゆえに一般のキリスト教市民が王を殺そうとまでは思わないのだが、フランス革命はカトリックを否定、排撃もしていた。由緒ある教会が襲撃を受けては、破壊されていた。カトリックの権威が失せれば、王の聖性も失せる。ルイ16世は、ただの「ユーグ・カペー」として扱われ、殺されてしまったのだ。

フランス人のなした「王殺し」は、強いアノミー（無規範状態）を引き起こしていた。王の喪失は社会規範の喪失であり、社会規範の喪失は、深刻な混沌状況の進行、つまりアノミーを引き起こしやすい。革命政府内では、互いに排撃し合い、殺し合いをはじめた。王を殺した革命政府が王の代わりとして用意したのは、「理性」であった。パリのノートルダム寺院では「理性の祭典」が行われた。しかしながら、革命政府は理性的になれなかった。一人ひとりが自らの正しさを主張、相いれぬ者を粛清するよりなかった。待っていたのは、ロベスピエールによる「恐怖政治」であった。

そのロベスピエールの時代も、じつに短かった。ルイ16世処刑からおよそ1年半、1794年7月、ロベスピエール一派も逮捕され、断頭台に送り込まれている。

## ナポレオンの「皇帝」戴冠は何を意味するのか？

フランス国王ルイ16世の処刑以降、フランスは内と外とで危険な状態にさらされつづけた。王を喪失した国内では、ロベスピエールの処刑後も混乱がつづく。

フランスは、フランス革命の打倒を目論む各国軍とも戦わねばならなかった。ルイ16世の処刑は、ヨーロッパ各国の王家に衝撃を与えた。ヨーロッパの王家は動揺し、これまでの王を中心とした国のあり方を守るためにも、第1回対仏同盟を結成、フランスに圧力をかけつづけていたのだ。

こうした瀕死のフランスに現れたのが、ナポレオンであった。ナポレオンはイタリア遠征でオーストリア軍に勝利、これにより第1回対仏同盟崩しに成功する。

常勝のナポレオンはフランスの守護者を目指しても、ブルボン王家の復興者にはならなかった。彼はブルボン家の玉座復帰を拒否し、自らがブルボン家に代わる存在になろうとする。彼は1802年に終身統領となり、1804年には国民投票で皇帝位を得た。

ナポレオンはパリで戴冠式を挙行し、ローマ教皇ピウス7世を招く。けれども、ナポレオンはピウス7世に何もさせなかった。これまで神聖ローマ帝国皇帝たちの戴冠にあっては、教皇が皇帝に冠を授けてきたが、ナポレオンはこれを拒んだ。代わりに、自らの手で冠をかぶったのである。

これまで皇帝の地位は教皇が保証するものであったが、カトリックを排撃するフランス革命の子でもあるナポレオンは教皇を否定した。ナポレオンは、実力のみによって成りあがった、まったく新しいタイプの皇帝であった。その意味で中国の皇帝に近く、下剋上によって台頭したロシア皇帝やプロイセン王にも通じるところがあった。ナポレオンは、ロシアのピョートル1世やプロイセンのフリードリヒ2世につづく、下剋上型の武人君主のラストランナーであった。

皇帝ナポレオンは、ヨーロッパの制覇を目指す。1805年、ナポレオンはアウステルリッツでオーストリア・ロシア軍を撃破する。この戦いには、神聖ローマ皇帝フランツ2世（オーストリア皇帝としてはフランツ1世）、ロシアの皇帝（ツァーリ）アレクサンドル1世も参戦、「三帝会戦」とも呼ばれている。

1806年、ナポレオンは南ドイツ、ライン右岸のドイツの領邦をまとめてライン同盟を結成させ、自らが盟主となった。これによって、すでに名ばかりだった神聖ローマ帝国は完全に消滅した。

無敵の皇帝ナポレオンは、ヨーロッパの皇帝や王たちと戦いながらも、その一方でヨーロッパの「王家クラブ」の仲間入りを求めた。ナポレオンは貧しいコルシカ貴族の出であり、ヨーロッパの王家とは何のつながりもない。栄達したナポレオンは、ヨーロッパの王家とのつながりを求め、ジョゼフィーヌと離婚、オーストリア・ハプスブルク家の皇帝フランツ2世の娘マリ・ルイーズを妃に迎えた。二人からは王子が誕生する。ナポレオンは、王子に「ローマ王」の地位を与えていた。「ローマ王」とは、かつてドイツの王の異名であり、「ローマ帝国皇帝」の継承者をほのめかすものであった。

フランス革命は、アンシャン・レジーム（旧秩序）の打倒を唱えた。ナポレオンはそのフランス革命の伝道者を自任もしていたが、その一方、アンシャン・レジームに憧れがあったのだ。

ナポレオンのアンシャン・レジームへの憧憬は、

## ナポレオンのおもな戦い

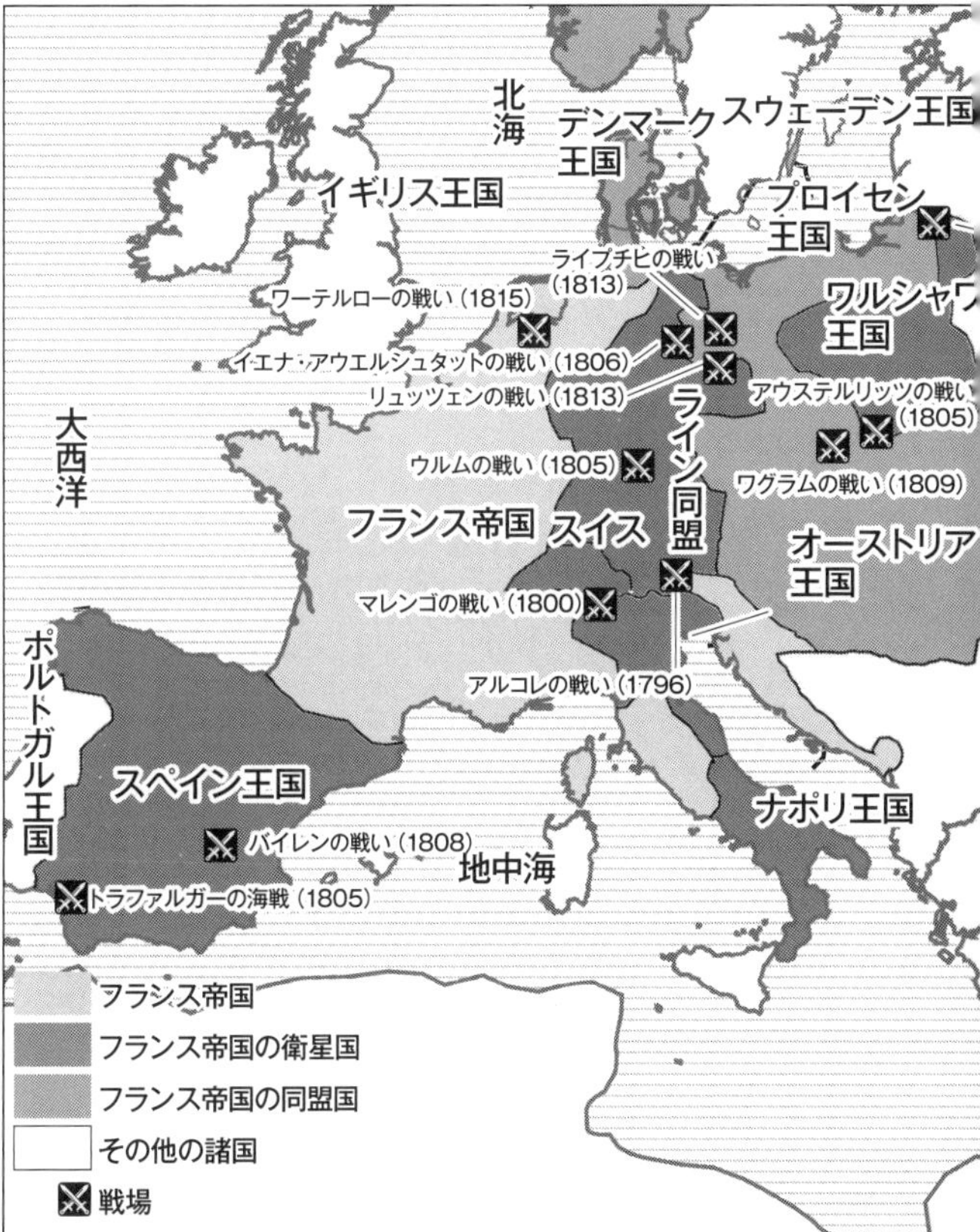


ほかのところにも表れている。ナポレオンは、征服したスペインにあっては、ブルボン家の王を退位させ、代わって兄のジョゼフをスペイン王としている。ジョゼフは、スペイン王ホセ1世として即位

している。

またオランダでは、オランダ総督を追い払い、弟のルイを王としている。ナポレオンはドイツにウェストファリア王国も建設しているが、国王に任じたのは弟のジェロームである。義弟のミュラに関しては、ナポリ王位に就けているし、後述するように配下の将軍ベルナドットがスウェーデンの王太子となることも認めている。

皇帝ナポレオンは、自らの血でヨーロッパを支配したいと望み、さらにヨーロッパを皇帝たちで支配したいとも考えていたふしがある。神聖ローマ帝国消滅に伴い、神聖ローマ帝国皇帝でもあったオーストリアのフランツ2世は、「オーストリア皇帝フランツ1世」を名乗りはじめ、ナポレオンもこれを承認している。ナポレオンは、プロイセンのホーエンツォレルン家の国王フリードリヒ・ヴィルヘルム3世にも「皇帝」となるよう求めている。ナポレオンは、プロイセンの軍事王フリードリヒ2世に憧れていて、フリードリヒ2世の血統を皇帝にして、自らの仲間にしたかったようだが、これは拒絶されている。

これほどにナポレオンはヨーロッパの王家と密接にありたかったが、ヨーロッパの王家からは拒絶される。ナポレオンの野心が強すぎたし、彼はしょせんは成り上がり者だった。ナポレオンがロシア遠征で挫折を経験すると、ヨーロッパの王家はすべてナポレオンに敵対し、彼の破滅を望むようにもなるのだ。

## ナポレオンの配下ベルナドット将軍がスウェーデン王になった理由

ナポレオンによる大征服のなか、ヨーロッパの王家は軋《きし》んでいた。なかでも、大きな変化を求めたのが、スウェーデンの王家である。

ナポレオン戦争のさなか、スウェーデンの国王グスタヴ4世はロシアとの戦いに敗れ、版図にあったフィンランドを失っていた。この屈辱劇にグスタヴ4世は廃位に追い込まれ、代わって彼の叔父がカール13世として即位する。このときすでにカール13世は高齢であったうえ、子がなかった。スウェーデンでは、カール13世の没に備え、次期国王を誰にするか人選がはじまった。

このとき、いきなり浮上したのが、ナポレオンの配下にあったフランス人のベルナドット将軍である。ナポレオンはこれを認め、スウェーデンの次期国王はベルナドットと決まったのだ。

ベルナドットはカール・ヨハンと名を改め、スウェーデンの王太子となる。ナポレオン戦争後の1818年には、カール13世の死去を受けて、カール14世として即位している。これが、ベルナドッテ朝のはじまりだ。

スウェーデンの軍や議会が、次期国王にスウェーデン王家となんのゆかりもない一介のフランス人にすぎないベルナドットを浮上させたのは、フランスとの関係改善を望んでのことだ。ベルナドットが、たんにナポレオン配下の将軍ではなく、じつはナポレオンの親戚筋に当たることに目をつけたのだ。

ベルナドットの妻デジレの姉マリは、ナポレオンの兄ジョゼフの妻であった。しかも、デジレはもともとナポレオンの婚約者でもあり、ベルナドットとナポレオンには濃い関係があった。スウェーデンは、「ナポレオン朝」にすり寄ろうとしていたと思われる。

実際、ベルナドットをのちの国王とすることで、スウェーデンとフランスの関係は改善される。しかも、王太子となったベルナドットは、フランスにいたずらに与することがなかった。彼は、スウェーデンの国益を優先させた。ナポレオンがロシア遠征に失敗してのち、イギリス、オーストリア、プロイセン、ロシアは同盟を結び、そこにベルナドットのスウェーデンも加わった。

1813年、「諸国民の戦い」といわれた（現在のドイツ東部の）ライプチヒの戦いでは、プロイセンやオーストリア、ロシアなどの連合軍がナポレオンのフランス軍と激突する。このとき、連合軍の総指揮を執っていたのが、ベルナドットである。ナポレオンの部下であっただけに、ベルナドットは、ナポレオンの戦術を知り尽くし、連合軍の勝利に貢献している。

ベルナドットの機略により、スウェーデンはナポレオン戦争の暴風を乗り切る。スウェーデンはフィンランドを失ったが、新たにノルウェーを得てもいる。いまのスウェーデン王家は、ベルナドットの血を継承しつづけている。

## ロシア皇帝アレクサンドル１世の策にはまったナポレオンの没落

無敵のナポレオンが没落するのは、１８１２年のロシア遠征によってである。ロシアの皇帝（ツァーリ）アレクサンドル１世はいったんナポレオンと和睦するが、ナポレオンの発した大陸封鎖令に反して、イギリスとの貿易を再開する。ナポレオンは、アレクサンドル１世を懲罰するために、ロシア遠征に出向き、挫折することになる。

この戦いにあって、アレクサンドル１世には勝算があったと思われる。だからこそ、ナポレオン軍がロシア奥深くに侵攻、モスクワを占拠しても、動揺し、自ら和を乞うような真似はしなかった。

アレクサンドル1世には、ピョートル1世以来の焦土戦術があった。スウェーデンの天才カール12世を挫いたように、焦土戦術なら常勝のナポレオンに通用すると見ていた。

しかも、アレクサンドル1世はツァーリとして自信があった。ツァーリの支配が強烈なロシアでは、首都モスクワを奪われても、それは亡国とはならない。ツァーリが健在であるかぎり、ロシアの兵や農民はツァーリに従い、ツァーリのために戦う。ナポレオンはロシアにおけるツァーリ信仰を理解できず、アレクサンドル1世を捕捉できなかった。これが、ナポレオンの誤算となったのだ。

ロシアで致命的な敗北を喫したナポレオンは、1813年のライプチヒの戦いに敗れたのち、皇帝を退位、エルバ島に流される。その後、エルバ島を脱出、ふたたび皇帝となるが、ワーテルローの戦いでイギリス・プロイセン軍に敗れ、すべてを失った。

ウィーンでは、オーストリアの宰相メッテルニヒの主導のもと会議が開かれ、フランス革命以前の体制へ戻ることが確認されている。フランスでは、ブルボン王家のルイ16世の弟が、ルイ18世として復活している。

また、オランダでは亡命していたオランダ総督オラニエ公ウィレム5世の子ウィレム6世が帰還しているが、オランダはもともとの共和国に戻ることはなかった。ウィーン会議が、共和制を警戒したからだ。ヨーロッパに共和制の国家を残しておくなら、またもフランス革命のような事件が起きかねない。

1815年にオランダは王国として再出発、ウィレム6世はオランダ国王ウィレム1世として即位する。オラニエ＝ナッサウ家の彼は、ネーデルラント独立戦争を戦ったオラニエ公ウィレム1世の末裔である。

## 武人国王による下剋上の時代、大きな繁栄を遂げたイングランド

18世紀は武人型国王による下剋上のような時代であるが、この時代に大きな繁栄を遂げたのはイギリスである。18世紀、イギリスは「王の時代」と逆行するかのようであった。イギリスでは王権が制限され、首相と議会の力が強まった。

1714年、スチュアート王家のアン女王が没したとき、彼女には嗣子がなかった。これによりスチュアート朝は断絶、代わってハノーファー（ハノーヴァー）選帝侯ゲオルク・

## 現在につながるイギリス王家

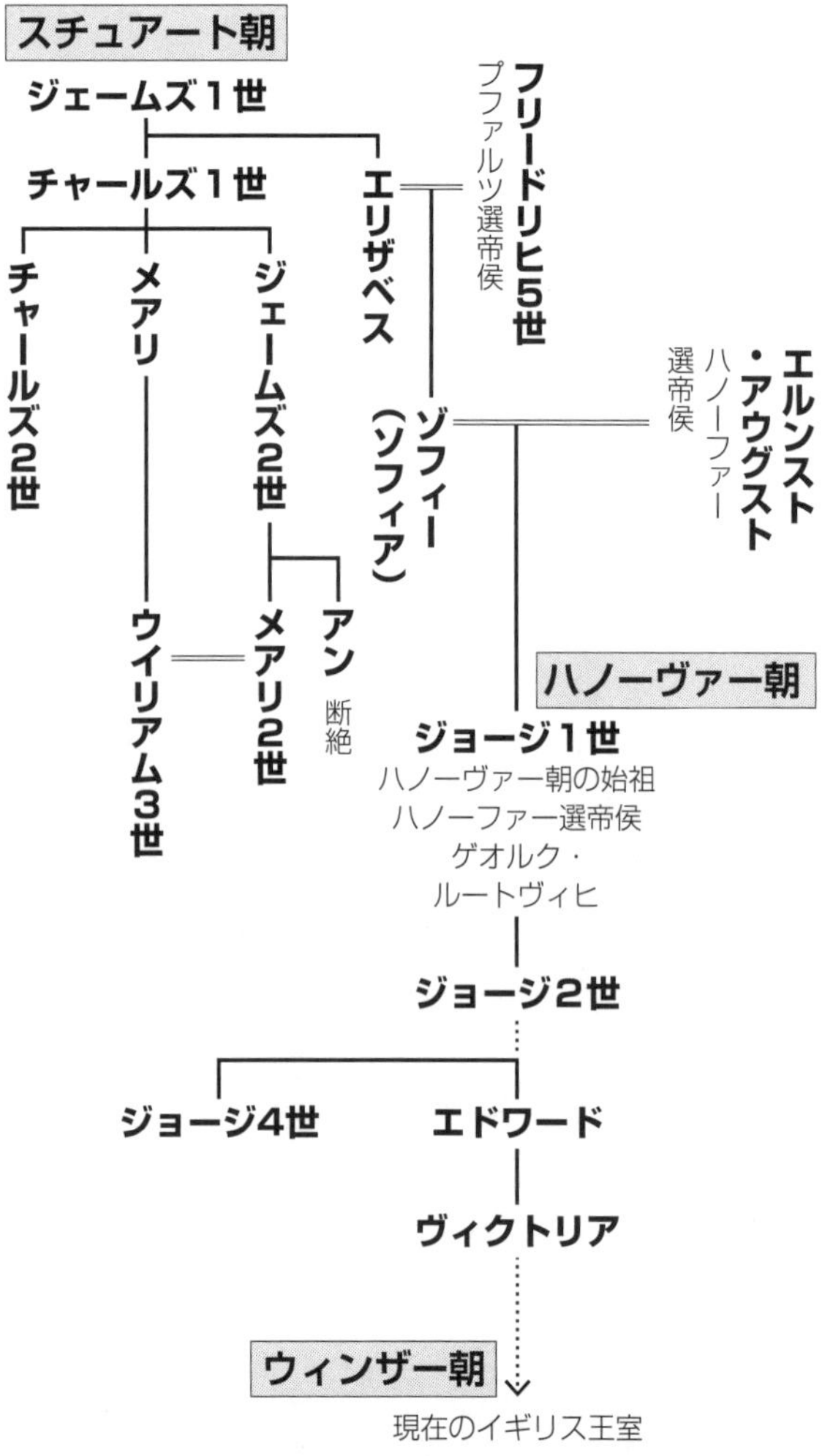
スチュアート朝
ジェームズ1世
チャールズ1世
エリザベス
フリードリヒ5世
プファルツ選帝侯
チャールズ2世
メアリ
ジェームズ2世
ゾフィー（ソフィア）
エルンスト・アウグスト
ハノーファー選帝侯
ウイリアム3世
メアリ2世
アン
断絶
ハノーヴァー朝
ジョージ1世
ハノーヴァー朝の始祖
ハノーファー選帝侯
ゲオルク・
ルートヴィヒ
ジョージ2世
ジョージ4世
エドワード
ヴィクトリア
ウィンザー朝
現在のイギリス王室

ルートヴィヒがイギリス王ジョージ1世として即位する。これが、ハノーヴァー朝のはじまりだ。

ジョージ1世は、スチュアート家のジェームズ1世の娘エリザベスの孫に当たる。エリザベスはプファルツ選帝侯フリードリヒ5世に嫁ぎ、彼女の娘ゾフィー（ソフィア）はハノーファー選帝侯エルンスト・アウグストの妃となっていた。ドイツのハノーファー家に、スチュアート王家の血が残っていたのであり、ゾフィーの子がジョージ1世となったのだ。

しかしながら、ハノーヴァー朝の始祖ジョージ1世の即位は、54歳での出来事であり、彼は英語を解せず、イギリスの政治にも関心がなかった。イギリスの政治家、議会からすれば、そこがつけめであった。王が政治に無関心なのをいいことに、イギリスでは議院内閣制が形成されていく。ジョージ1世の時代、ウォルポールが「首相」めいた座を得る。これまで議会に責任を負う「首相」というものはなかったが、ウォルポールは世界初の首相になったといっていい。以後、18世紀を通じて、大ピット、小ピットら有能な首相によってイギリスの繁栄はつくられていく。ナポレオン戦争を乗り切ったのは、ジョージ1世から4代目に当たるジョージ4世の時代であり、イギリスの舵をきったのは、小ピットであった。

イギリスは「王は君臨すれども統治せず」のシステムをつくりあげ、ハノーヴァー朝のつづく19世紀には世界帝国を誇るようになる。

7章

# 民衆に求められる王家、排除される王家

## 国民国家の誕生と皇帝家・王家の黄昏

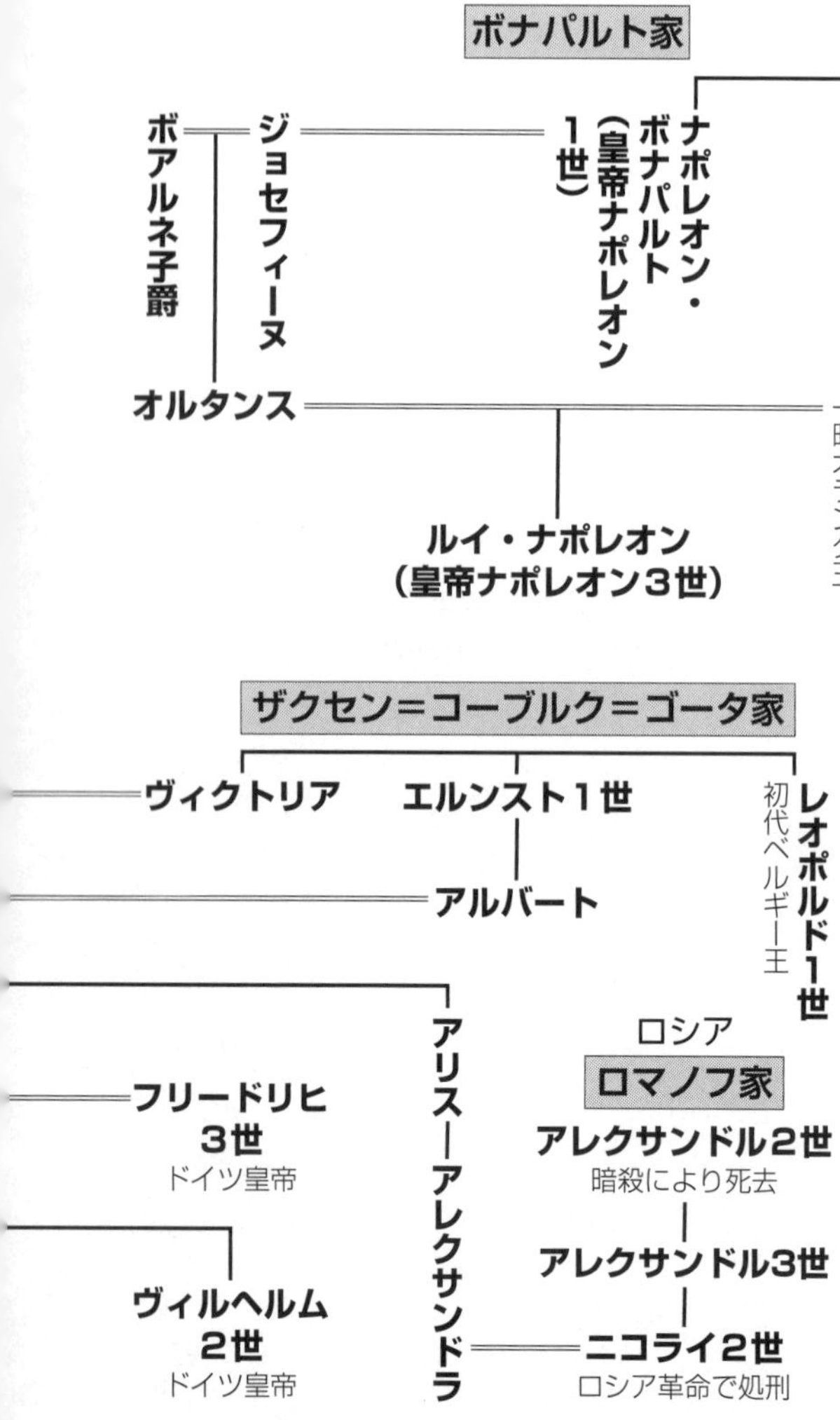
ボナパルト家
ナポレオン・ボナパルト（皇帝ナポレオン1世）
ジョセフィーヌ
ボアルネ子爵
ルイ
一時オランダ王
オルタンス
ルイ・ナポレオン
（皇帝ナポレオン3世）
ザクセン＝コーブルク＝ゴータ家
ヴィクトリア
エルンスト1世
レオポルド1世
初代ベルギー王
アルバート
アリス
アレクサンドラ
フリードリヒ
3世
ドイツ皇帝
ヴィルヘルム
2世
ドイツ皇帝
ロシア
ロマノフ家
アレクサンドル2世
暗殺により死去
アレクサンドル3世
ニコライ2世
ロシア革命で処刑

## 民衆に求められる王・追われる王

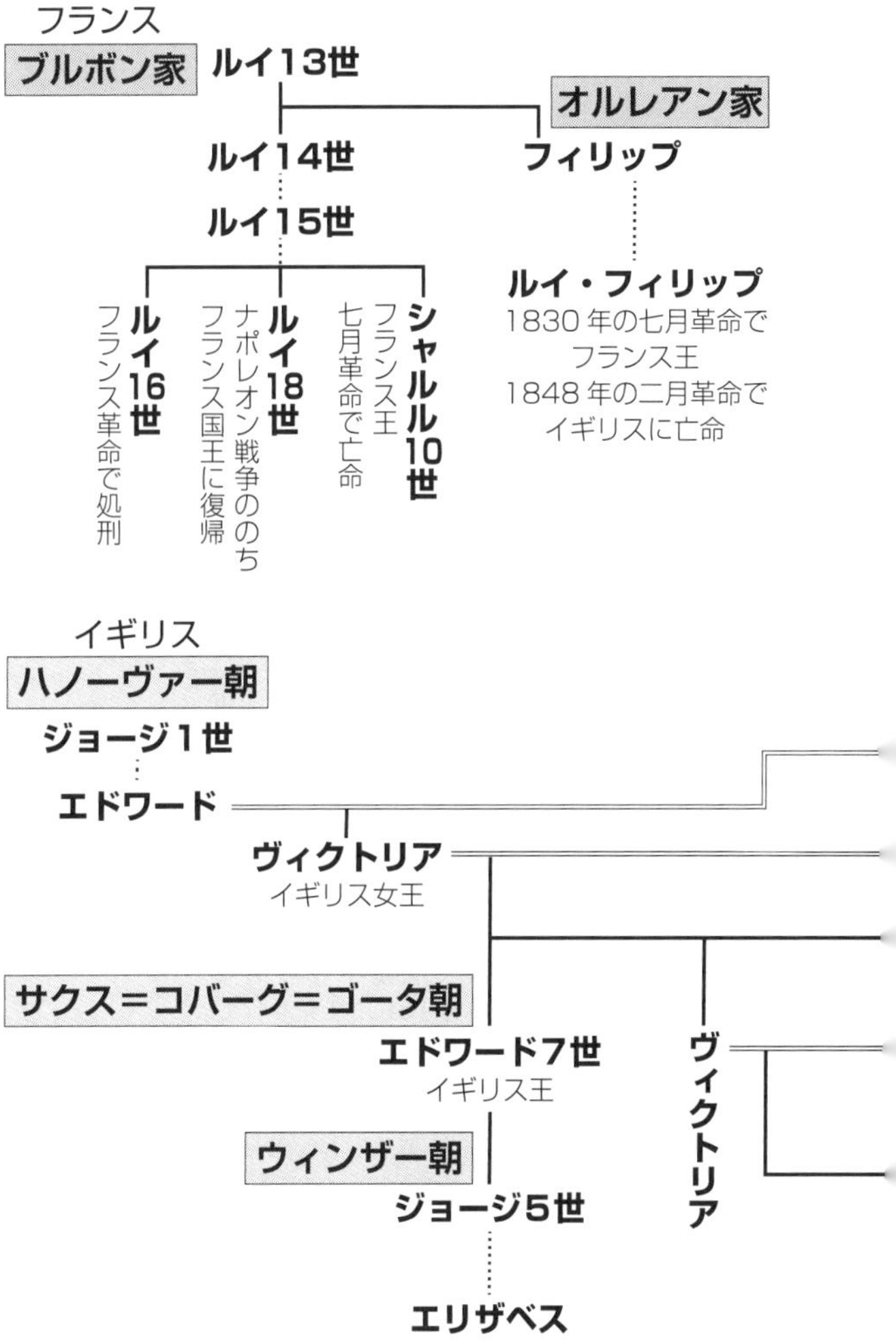
フランス
ブルボン家
ルイ13世
オルレアン家
ルイ14世
フィリップ
ルイ15世
ルイ・フィリップ
1830年の七月革命で
フランス王
1848年の二月革命で
イギリスに亡命
ルイ16世
フランス革命で処刑
ルイ18世
ナポレオン戦争ののち
フランス国王に復帰
シャルル10世
フランス王
七月革命で亡命
イギリス
ハノーヴァー朝
ジョージ1世
エドワード
ヴィクトリア
イギリス女王
サクス=コバーグ=ゴータ朝
エドワード7世
イギリス王
ウィンザー朝
ジョージ5世
エリザベス
ヴィクトリア

## 二月革命でフランス王の座を追われたシャルル10世

ナポレオン戦争ののち、ヨーロッパで確立されたのは、「ウィーン体制」である。「ウィーン体制」は、フランス革命、ナポレオン戦争の激動に懲りたヨーロッパの王家が、フランス革命以前の時代にヨーロッパを回帰させ、これを固定化しようというものだった。

けれども、すでにフランス革命で「パンドラの箱」は開けられていた。フランス革命の理念を知ってしまった者たちは、自由主義を求め、ナショナリズムにはしろうとしていた。時代は国民のための国家である「国民国家」の誕生へと向かい、この流れを王家が止めることはむずかしかった。

19世紀、ヨーロッパでは王家の力がいまだ強かったが、それ以上に新興のブルジョアジー(中産階級)らが力をつけていた。彼らがいかに力を有するようになっていたかは、職業音楽家の動向からもわかる。18世紀、職業音楽家は王家や教会に収入を依存していた。バッハは教会に、モーツァルトはウィーンのハプスブルク家の皇帝からの支援をアテにしていた。皇帝からカネを思うように得られないモーツァルトは、貧乏であった。

ところが、19世紀、ブルジョアジーが力をつけると、職業音楽家はもはや王家をアテにせずともすむ。ロッシーニがオペラハウスをフルハウスにしてお金持ちになったのを皮切りに、ドニゼッティ、ヴェルディらもこれにつづく。職業音楽家は、大衆を基盤として暮らしを立てられるようになったのだ。

その変化は、皇帝にも王にも及んでいた。皇帝、王たちは、これまでは皇帝、王としてふるまっていればよく、住人の感情に気づかいをする必要はなかった。けれども、産業革命の進展によって、大衆が力をつけてくると、彼らの支持なしでは、皇帝、王であることはむずかしくなりつつあった。皇帝、王は、困難な時代に直面しようとしていたのだ。

さらに19世紀、ヨーロッパではすでにキリスト教への信仰はかつてほどではない。ローマ教皇はその地位を低下させていたから、キリスト教徒であっても、国王にさほど聖性を見なくなっている。聖性なき国王にとって、正統性の担保となるのは、国民の支持のみになってきたのだ。その変化を、それぞれの王家はどれだけわかっていたか。

まず挫折を味わったのは、フランスのブルボン王家である。ナポレオン戦争ののち、ブルボン家はフランスに復帰したが、ルイ18世、彼につづくシャルル10世は、ともに古い頭のままであった。彼らは、市民の権利を抑えることを当然としていた。

1830年、シャルル10世は出版の自由を停止、新議会を解散するといった勅令を出す。これに市民は反発、市街戦となり、シャルル10世側が敗れた。シャルル10世はイギリスへと亡命、代わってオルレアン家（ルイ14世の弟フィリップを始祖とする）のルイ・フィリップが国王に擁立された。これが「七月革命」であり、以後、オルレアン家による王政は「七月王政」とも呼ばれる。

フランスの市民が、シャルル10世を追放しながらも、共和制を選ばず、王政にとどまったのは、フランス革命の悪しき記憶からだろう。共和制下の混乱と殺し合いを避けるため、フランス革命に好意的であったルイ・フィリップを新たな国王に受け入れたのだ。

## イギリスの思惑で生まれたベルギー王家

1830年のフランス七月革命は、他国へと波及した。そこから誕生したのが、ベルギー王家である。

1830年当時、ベルギーを支配していたのはオランダであったが、ベルギーの住人には不満が溜まっていた。プロテスタントであるオランダ国王ウィレム1世が、カトリックであるベルギーの住人を冷遇していたからだ。彼は、ベルギーにプロテスタント化とオランダ語を強制しようとしていた。

そこに、パリでの七月革命である。憤懣《ふんまん》を溜め込んでいたベルギーの住人は蜂起し、臨時政府が独立宣言までもなした。ベルギーの独立は1831年のロンドン会議で認められるのだが、時代はいまだ共和制を否定するウィーン体制下である。ベルギーもオランダと同様、君主制国家として出発することになった。このとき、王となったのがザクセン＝コーブルク＝ゴータ家のレオポルド1世である。

ザクセン＝コーブルク＝ゴータ家は、ドイツのザクセン家の系統にある。そのレオポルド1世がベルギー王に推されたのは、フランス国王ルイ・フィリップからの推薦もあったが、イギリスが強く望んでいたからだ。イギリスは、ザクセン＝コーブルク＝ゴータ家を通じて、ベルギーに強い影響力を得たかったのだ。

この時代、イギリスではハノーヴァー家のジョージ4世が国王にあったが、彼は高齢であるうえ、嗣子がなかった（196ページ）。ジョージ4世が没するなら、彼の姪ヴィクトリアが女王として即位することになる見通しであった。その未来の女王ヴィクトリアの母はザクセン＝コーブルク＝ゴータ家の出自である。ヴィクトリアは、ベルギー王となるレオポルド1世の姪にも当たっていた。イギリスはイギリス王家に密接なザクセン＝コーブルク＝ゴータ家をベルギー王家とすることで、ベルギーを影響下に置きたかったのだ。

こののち、ヴィクトリア女王の夫になるのは、ザクセン＝コーブルク＝ゴータ家のアルバートである。1901年、二人から生まれた子エドワード7世の即位をもって、イギリスではサクス＝コバーグ＝ゴータ朝の時代を迎える。

ただ、イギリスはベルギーに関わりすぎた。1914年、第1次世界大戦勃発にあって、ドイツ軍がベルギーに侵攻すると、イギリスはドイツに宣戦布告する。これは、ドイツや他の諸国にとって想定外の宣戦布告であった。

じつのところ、東欧での勢力争いに端を発した第1次大戦に、イギリスは関わる必要はなかった。傍観者となり、戦争の調停者になることもできた。そうなれば、第1次大戦の惨禍は抑え込むことができたかもしれない。そんなイギリスの立場をドイツは知っていたから、イギリスとの戦いはありえないと踏んでいた。そのイギリスの「ありえないまさか」のために、第1次大戦は長期化し、凄惨極まりない戦いとなり、イギリスはもちろんヨーロッパの没落を招いている。そんな破滅の時代を招くほどに、イギリスのベルギーを見る目は特別であり、イギリスは計算高さを失っていたのだ。

る。

## 「新たなナポレオン」の登場が待ち望まれていたフランス

1848年、フランスでは二月革命が勃発、国王ルイ・フィリップはイギリスに亡命する。

国王ルイ・フィリップは、政治家として手堅いほうであった。弾圧的な王でもなかったのだが、にもかかわらず王位を追われたのは、時代の趨勢であろう。

このころ、イギリスで18世紀半ばにはじまった産業革命がフランスでも進行していて、労働者たちが力を持ちはじめていた。にもかかわらず、フランスでの有権者の数は全人口の1パーセントにも及ばず、住人には憤懣が燻《くすぶ》りつづけていた。

加えて、フランスでは「皇帝ナポレオン崇拝」の熱が増していた。ナポレオンはフランスを破滅に追いやりもしたが、ナポレオンの時代、フランスに輝かしい栄光があった。いくたびもの戦勝があり、その記憶はフランス人に残りつづけた。けれども、復辟《ふくへき》したブルボン王家は、フランスに栄光のかけらももたらしていない。フランスでは、王家への幻滅が増すほどに、ナポレオンへの崇拝熱が上昇していた。ルイ・フィリップは、ナポレオンのようになれず、見切られていったのだ。

実際、フランス人にとって、「新たなナポレオン」はいた。ナポレオン・ボナパルトの甥ルイ・ボナパルトであり、彼にはナポレオンの理念を継承したいという情念のようなものがあった。彼は、フランス国内で2度、クーデターもどきの行動に出ていて、イギリスに亡命していた。

フランスで二月革命が勃発すると、ルイ・ナポレオンは帰国、憲法議会の補欠選挙に当選する。当選しながらも、彼はこの当選を辞退し、次を見ていた。フランスの住人は、「新たなナポレオン」に魅了されていった。同年12月、フランスでは大統領選挙が行われ、ルイ・ナポレオンも出馬、大統領に当選する。

勢いに乗るルイ・ナポレオン大統領は、議会との対立をものともせず、1851年にはクーデターを挙行する。これにより10年任期の大統領となった彼は、翌1852年、国民投票によって皇帝ナポレオン3世として即位する。

後世、ナポレオン3世の評価は芳しくない。プロイセンとの戦争に敗れ、捕虜となったイメージからだが、ナポレオン3世がフランスに栄光を与えていたことも事実だ。当時、パリの街は小汚く、都市文化の進んでいたロンドンに亡命経験のあるナポレオン3世にはこれが我慢ならなかった。そこから、ナポレオン3世はパリの大改造を計画、現在の「華の都」パリの礎を築いている。パリに万国博覧会を誘致し、成功させたのも、ナポレオン3世の仕事である。

## 19世紀後半、ヨーロッパ各国では統一の中心に「王」がいた

1848年、フランスで起きた二月革命は、ヨーロッパに強烈な衝撃波となった。ヨーロッパ各地では、民衆が共和制を求めて蜂起をはじめ、革命の連鎖となる。

オーストリアでは3月に暴動が発生、三月革命となる。それまでオーストリアは宰相メッテルニヒのもと、皇帝フェルディナント1世は傀儡化していた。オーストリアは、一種の監視国家然としていて、住人は不満を溜め込んでいた。暴動によって、メッテルニヒは失脚、イギリスへと亡命、ここにウィーン体制は崩壊した。

メッテルニヒの支えのないハプスブルク家では、能力に欠けるフェルディナント1世が退位をよぎなくされ、代わって彼の甥フランツ・ヨーゼフ1世が即位する。わずか18歳での即位であり、後述するように、彼はオーストリアの抱えるさまざまな国難に直面する。

1848年の革命連鎖では、フランスやオーストリアで皇帝、王が交代したが、この時代、皇帝、王は否定されていたわけではない。市民によって、「よりよき王」「国民の王」が求められ、旧時代の古い頭の王が捨てられていただけである。

さらにいえば、国家が統一されていない地域にあっては、王は統一の求心力と見なされた。1848年の革命連鎖は、ヨーロッパでナショナリズムに火をつけ、国家統一運動がさかんになっていた。このとき、ナショナリズムは、国の核として国王を求めたのだ。

その典型がイタリアである。19世紀のイタリアは分断され、オーストリア・ハプスブルク家が北イタリアに強い支配力を有していた。けれども、イタリアが一体となるためには、イタリアからオーストリアを追い出さねばならない。このリソルジメント（統一）運動の中核となったのが、サルデーニャ王国サヴォイア家の国王カルロ・アルベルトである。

当時、サルデーニャ王国は、イタリアで数少ない独立王国であり、サルデーニャ島のみならず、大陸のサヴォイア、ニースなどを有していた。もともとが、サヴォイアの領主であり、サルデーニャ島も得ていたのだ。都をピエモンテ地方のトリノに置いていたから、「ピエモンテ王国」ともいわれる。同王国はイタリアの中で唯一、外国勢力と立ち向かえる独立勢力であり、カルロ・アルベルトは自由主義者として期待されてもいた。

これに対して、オーストリア・ハプスブルク家はラデツキー将軍を北イタリアに派遣、ラデツキー将軍の前にカルロ・アルベルトの軍は完敗を喫する。カルロ・アルベルトは敗戦の責任をとって退位、亡命。イタリア統一運動は頓挫している。ラデツキー将軍の勝利は、ヨハン・シュトラウス作曲の「ラデツキー行進曲」によって讃えられている。

ドイツでも、国王が期待されていた。いまやオーストリアと並ぶ存在になったプロイセンにも、1848年の革命連鎖劇は及んでいた。ベルリンでは暴動が発生、これが三月革命となる。プロイセン国王フリードリヒ・ヴィルヘルム4世は譲歩し、自由な新しいドイツの先頭に立つことを約束、自由主義内閣を成立させている。

一方、フランクフルトでは、「統一と自由」を求めての国民会議「フランクフルト国民会議」が開かれた。自由主義者が集まった会議での争点は、分裂したままのドイツをいかに統一するかであった。プロイセン王を中心とする「小ドイツ主義」と、オーストリア・ハプスブルク家の皇帝を核とする「大ドイツ主義」が対立するなか、小ドイツ主義が採択される。

議会は、プロイセン国王フリードリヒ・ヴィルヘルム4世にドイツ国王としての即位を求めたが、彼は拒絶している。フリードリヒ・ヴィルヘルム4世にすれば、革命の臭いのする玉座を受け入れがたかったのだ。

こうしてドイツとイタリアのナショナリズムはいったんは急ブレーキをかけられてしまっていたが、ナショナリズムの中心には王の存在があったのだ。王なくして、統一運動はありえなかったのだ。

## イタリア統一のために
## ナポレオン3世と組んだエマヌエーレ2世

サルデーニャ王国のカルロ・アルベルトによる北イタリア統一は挫折したが、彼の意志は子のヴィットーリオ・エマヌエーレ2世に継承されていた。彼は、現実主義者のカヴールを首相に起用、戦略を練った。

ヴィットーリオ・エマヌエーレ2世とカヴールのコンビが行き着いたイタリア統一の秘策は、フランスの皇帝ナポレオン3世との結託である。サルデーニャ王国のみでは、大国オーストリアに対抗しえない。そこから、フランスの支援を引き出そうとしたのだ。サルデーニャ王国が、1853年からのクリミア戦争に参戦し、フランスに味方したのも、フランスの気をひくためだった。

そこには、餌も用意されていた。彼らは、ナポレオン3世の協力をとりつけるため、サルデーニャ王国の領地であるサヴォイアとニースをフランスに差し出していた。サヴォイアはサヴォイア王家の故地であるが、イタリア統一のために放棄したのだ。

１８５９年、サルデーニャ・フランス連合軍は、マジェンタ＝ソルフェリーノの戦いでオーストリア軍と激突する。凄惨な戦いのすえ勝利したのは、サルデーニャ・フランス連合軍であった。この勝利をきっかけに、イタリアではヴィットーリオ・エマヌエーレ2世は、イタリア統一運動の象徴となる。

当時、イタリアでは「ヴェルディ万歳」と叫ぶことは、そのまま「ヴィットーリオ・エマヌエーレ2世万歳」「イタリア統一万歳」を意味するようにもなっていた。ヴェルディとは、当時、イタリア人を熱狂させてきたオペラ作曲家である。彼のオペラ『ナブッコ』は、バビロニアに強制移住させられたユダヤ人たちが祖国帰還を願う物語である。イタリア人は『ナブッコ』の物語に、自らの祖国統一を重ね合わせていた。第3幕での合唱「行け、わが思いよ、金色の翼に乗って」は、イタリア第2の国歌ともいわれる。

「ヴィットーリオ・エマヌエーレ2世（Vittorio Emanuele Re d'Italia)」の名をつづめるなら、「Ｖｅｒｄｉ（ヴェルディ）」となる。ヴィットーリオ・エマヌエーレ2世＝ヴェルディ＝愛するイタリア統一は同義であったのだ。

1861年、統一イタリア王国が成立、ヴィットーリオ・エマヌエーレ2世はイタリア国王となる。このときはまだヴェネチア、ローマ教皇領は回収できなかったが、やがて吸収していく。

## 皇帝ナポレオン3世去りて、新たにドイツ皇帝現る

1852年にフランス皇帝となったナポレオンは、およそ20年近く皇帝の座にあった。その治世の最初の10年間は、彼とフランスの威信を高めた。ロシアの拡張を食い止めるべく、イギリスとともにクリミア戦争を戦い、勝利を収めた。1856年からは清帝国相手にこれまたイギリスと組み、アロー号戦争（第2次アヘン戦争）を仕掛け、勝利を得ていた。先述したようにイタリアの独立も支援したばかりか、幕末期の徳川幕府をも支援、フランスは栄光の時代にあった。

けれども、1860年代になると、ナポレオン3世の運命は暗転していく。最初の失敗は、1861年からのメキシコ遠征である。彼は、メキシコにフランス寄りの帝国を樹立しようとしたが、失敗、権威に疵《きず》をつけている。

それよりも何よりも最大の失敗は、ドイツ統一を狙うプロイセンの意志と策略を見抜けなかったことだ。1861年、ホーエンツォレルン家のプロイセンでは、ヴィルヘルム1世が即位、1862年、パリ駐在大使であったビスマルクを首相に任命する。

ビスマルクは就任早々、「目下の重大な問題は、言論や多数決によってではなく、鉄と血によって決せられるだろう」という「鉄血演説」をぶちまける。その最終的な矛先がフランスに向けられていると、ナポレオン3世はどれだけ予測していたであろうか。すでに名将モルトケを参謀総長にしていたプロイセン軍は、軍拡にはしり、ヴィルヘルム1世、ビスマルク、モルトケと役者が揃っていた。

1864年、プロイセンはまずはデンマークに挑む。当時、シュレスヴィヒ・ホルシュタインの両州は、デンマークの同君連合下にあったが、デンマークは両州を完全に併合しようとした。これに対し、プロイセンはオーストリアと手を組み、デンマークに勝利し、シュレスヴィヒ・ホルシュタインの両州を獲得した。

つづいては1866年からのプロイセン・オーストリア戦争（普墺《ふおう》戦争）となる。プロイセンとしては、自国を中心とするドイツの統一にあたって、ハプスブルク家のオーストリアを排除したかった。ケーニヒグレーツの戦いではプロイセン軍がオーストリア軍を撃破、7週間にして勝敗は決まった。

　ただ、ビスマルクの判断によって、プロイセン軍はオーストリアの都ウィーンを落とすことを控えた。つづくフランスとの戦いを企図していて、その戦いに、オーストリアを中立に置くことを考えていたためだ。このとき、ビスマルクはオーストリアとの和平の仲介を、皇帝ナポレオン3世に依頼している。ナポレオン3世は、未来の敵に塩を送るかのように、ビスマルクの依頼を受けていた。

　プロイセン・オーストリア戦争の結果、プロイセンによるドイツ統一に唯一、障壁となりそうなのは大国フランスである。宰相ビスマルクと軍人モルトケには、打倒ナポレオン3世の意志と計画があった。

　フランスとプロイセンの微妙な睨み合いのなか、両国の間で揉め事となったのは、スペインのブルボン王家の継承問題である。1868年、スペインに革命が勃発すると、女王イサベル2世は国外に亡命する。革命臨時政府は、新たな国王候補にホーエンツォレルン家の傍流にあったレオポルトを指名し、これがフランスの世論を激昂させていた。台頭著しいプロイセンのホーエンツォレルン家がスペイン国王になるなら、フランスは東西からホーエンツォレルン家に挟撃されかねない。かつて16世紀に、ハプスブルク家のカール5

世に挟撃された悪夢が蘇る。

　この件に関しては、プロイセン国王ヴィルヘルム1世は反対であり、フランス側からの抗議を受け入れていた。このとき、フランス大使はヴィルヘルム1世のもとに押しかけ、念を押そうとしていた。ここで、ビスマルクは電報を書き換える。フランス大使との一件をビスマルクに打電していた。ここで、ビスマルクは電報を書き換える。フランス側がヴィルヘルム1世に脅しをかけているかのような文面に改竄《かいざん》、これを発表したのだ。

　当然、プロイセン国民は激怒した。フランスでも、反プロイセンの気運が高まった。こうなると、ナポレオン3世は動かざるをえず、プロイセンに宣戦布告する。ナポレオン3世は、ビスマルクに完全に嵌《は》められていた。

　モルトケ率いるプロイセン軍は、すでに大軍団を準備していて、鉄道を利用しての素早い動員をなしていた。一方、フランス軍にはさほどの準備がなかったし、ナポレオン3世は持病に苦しんでもいた。しかも、彼には政治的なセンスはあっても、伯父ナポレオンのような軍事的才覚はなかった。

　プロイセン軍はフランス軍相手に優勢に戦いを進めたのみならず、前線に出すぎた皇帝ナポレオン3世をセダン（スダン）で包囲し、捕虜とした。英雄ナポレオンの甥である皇帝を捕虜としたのだから、モルトケとプロイセン軍の名声は天を衝くほどとなった。フランスの帝政は消滅し、解放されたナポレオン3世はイギリスに亡命している。

1871年、ヴィルヘルム1世は、パリ郊外のヴェルサイユ宮殿にあって、ドイツ皇帝としての即位の戴冠式を挙行している。「ドイツ帝国」の誕生であり、それは神聖ローマ帝国を意識しての「帝国」であった。フランスの帝政は瓦解《がかい》したが、そののちドイツ帝国が始動したのである。統一ドイツ帝国の中心には、皇帝がいたのだ。

そこから先、セダンの勝利は、ドイツ帝国の栄光を象徴するようになった。ドイツ帝国の各家庭では、セダンでヴィルヘルム1世、モルトケ、ビスマルク、「敗者」ナポレオン3世を描いた絵が飾られるようになった。セダンでの勝利こそ、ヴィルヘルム1世のドイツ帝国の正統のあかしであり、ドイツ民族の原点のようにも語られた。それは、第1次世界大戦でのドイツの敗戦までつづく。

一方、敗れたフランスでは、ブルボン家の復辟が取り沙汰された。ブルボン家のシャンボール伯アンリの即位という話ができあがってもいたが、土壇場でアンリは拒絶した。アンリは、フランス革命以来の共和制の三色旗に難色を示したのである。

以後、フランスでは共和制がつづき、皇帝、王は姿を消してしまった。ナポレオン3世の子ルイには皇帝を目指す意志があり、彼ならなしえたかもしれないが、彼はイギリスにあった時代、ズールー戦争に参加、戦死している。ナポレオンの系譜は絶たれていた。

## 受難つづきだった オーストリア・ハプスブルク家の皇帝

19世紀後半、ドイツやイタリアでは皇帝や王たちは建国の中心になり、住人から崇められる存在になっていた。この時期、日本で明治維新が始動し、明治天皇を中心とする国家建設がはじまったのも偶然ではない。その一方、立場を日々悪くしている皇帝や王たちもあった。

その典型が、オーストリア・ハプスブルク家の皇帝フランツ・ヨーゼフ1世であろう。彼は、オーストリア帝国の実質、最後の皇帝でもある。

すでに述べたように、オーストリアでは1848年の三月革命によって、フェルディナント1世は退位をよぎなくされ、フランツ・ヨーゼフ1世が18歳の若さで即位していた。フランツ・ヨーゼフ1世は、無能だったわけではない。むしろ有能でさえあったが、オーストリアはたび重なる敗北にうちしおれ、皇帝家は受難の連続となる。

フランス・ヨーゼフ1世の時代、オーストリアはサルデーニャ・フランス連合軍に屈し、イタリアを失っていった。さらにライバルのプロイセンに敗れ、すでに老大国であることを思い知らされてもいた。

プロイセンに対する敗北から、オーストリアはオーストリア＝ハンガリー二重帝国へと変貌をよぎなくさせられていく。かつて神聖ローマ皇帝としてドイツを代表したハプスブルク家はドイツから叩き出され、その支配領域を東欧にシフトせざるをえなかった。ただ、支配下のハンガリーやボヘミアではナショナリズムが高まり、彼らのナショナリズムを受け入れる必要があった。そこから生まれたのが、オーストリア＝ハンガリー二重帝国である。

オーストリア＝ハンガリー二重帝国では、フランツ・ヨーゼフ1世を皇帝に戴くが、議会はオーストリアとハンガリーに個別に置かれた。ウィーンとブダペストは、同等の首都となったから、双頭の帝国ともいえた。

東欧に向かったオーストリアは、東欧で勢力圏を広げようとするが、それは新興国との新たな対立を招きもした。オスマン帝国瓦解の隙に、オーストリアがボスニア＝ヘルツェゴヴィナを併合すると、セルビアと対立、セルビアの背後にはロシアがあった。オーストリアが東欧に影響力を得ようとするほど、ロシアとの対立は深刻化していく。

皇帝フランツ・ヨーゼフ1世は、弟の処刑という報も体験しなければならなかった。実弟マクシミリアンは、フランスの皇帝ナポレオン3世の甘い言葉にのって、メキシコへと渡っていた。1861年、メキシコではファレスが独裁政権を打ち倒し、革命政府を樹立しようとしていた。これに対して、ナポレオン3世は、先述のようにメキシコにフランス寄りの帝国を生み出そうとした。彼は、ハプスブルク家の血をひくマクシミリアンに声をかけたのだ。

ナポレオンに乗せられたマクシミリアンはメキシコで皇帝に即位するが、やがて頼みのフランス軍が撤退する。マクシミリアンは、ファレス率いる勢力に敗れ、銃殺されている。ハプスブルク家の皇帝の弟があっけなく処刑されたのだから、皇帝の時代は終わりを告げようともしていた。

フランツ・ヨーゼフ1世には、さらなる身内の不幸が襲っていた。皇太子ルドルフは、マイヤーリンクの狩猟館で、愛人と心中、これは「マイヤーリンクの悲劇」として語られてきた。妃のエリーザベトは、無政府主義者に暗殺され、フランツ・ヨーゼフ1世の苦しみはつづいた。

新たにオーストリア皇太子となったのは、フランツ・ヨーゼフ1世の甥フランツ・フェルディナントである。彼こそは1914年、セルビアのサライェヴォで銃弾に倒れる男であり、これをきっかけに第1次世界大戦がはじまった。戦争がはじまったとき、フランツ・ヨーゼフ1世は、すべてを失ってしまっていたも同然であり、戦争のさなかの1916年に没している。それは、事実上のハプスブルク帝国の終焉であった。

## 皇帝暗殺に魅了されはじめたロシア

皇帝の権威がぐらついていたのは、オーストリアのみではない。20世紀後半、ロシアの皇帝（ツァーリ）も、危なっかしい位置に追いやられようとしていた。ロシアでは知識人がマルクス思想の影響を受け、過激化する。彼らは革命思想に染まり、アナーキズム（無政府主義）にはしり、皇帝暗殺という熱に浮かされはじめていた。

躓きは、1853年からのクリミア戦争にはじまる。ナポレオン戦争に勝利して以来、ロシアは連戦連勝つづきであった。ニコライ1世は、黒海北岸の半島・クリミアでのイギリス・フランス連合軍との戦いにも勝利するつもりであったが、ロシアは敗北を喫する。この敗北に、ロシアの知識人たちは、ロシアの後進性を自覚するようになった。19世紀前半のロシアは、農奴に依存する古い農業国家のままであり、その旧態依然が戦争での敗北にもつながっていたのだ。

クリミア戦争中に即位したアレクサンドル2世は、ロシアの後進性を自覚していた。彼は農奴解放令を発し、ロシアの近代化を模索するが、後進性はそう簡単に克服できるものではない。ロシアの知識人たちは、アレクサンドル2世にも失望し、皇帝暗殺を企てる。ロシアでは軍人や農民は皇帝を無条件に崇拝しても、革命思想に魅了された知識人となると、ロシアの後進性の根源に皇帝を見ていた。だから、皇帝排除の思想に憑《つ》かれたのである。

作家ドストエフスキーにしてからが、皇帝暗殺を夢想していた。彼は大作『カラマーゾフの兄弟』の続編で、主人公アリョーシャによる皇帝暗殺を構想していたようだ。

ドストエフスキーは夢想の域にとどまったが、少なからぬ知識人がテロリストと化し、皇帝アレクサンドル2世暗殺未遂事件がつづく。そして、１８８１年、アレクサンドル2世は、「人民の意志」党のテロリストによって暗殺されてしまった。

次に即位したのは、アレクサンドル2世の子アレクサンドル3世だが、彼もまた革命思想を信奉するテロリストに狙われる。１８８７年の暗殺未遂事件にあって、首謀者となっていたのは、レーニンの兄であった。兄を処刑されたことで、レーニンもまた「皇帝殺し」

を目指す革命家になっていく。

ロシアの皇帝たちは、「強い皇帝」として権威を取り戻そうにも、取り戻せずにいた。アレクサンドル3世の子・ニコライ2世の時代、1904年からロシアは日本と戦う。ニコライ2世は日本を屈伏させることで、その実力をロシアの住人に示したかったが、逆に連戦連敗となる。日本軍に旅順要塞を陥落させられてのち、ロシアでは大規模なデモが起きる。このデモに対して、ニコライ2世の叔父ウラジーミル大公は発砲を命じ、惨劇となる。この「血の日曜日事件」によって、皇帝と平凡なる住人たちとの紐帯《ちゅうたい》も失われ、皇帝の危機は深まっていく。

## ヴィクトリア女王の栄光とドイツ皇帝の挑戦

19世紀の最後の20年間、大きな繁栄を遂げていたのは、イギリスとドイツであった。1837年から1901年にかけて、イギリスはハノーヴァー家のヴィクトリア女王を戴きながら、黄金時代を謳歌していた。アヘン戦争以後、中国大陸に大きな権益を獲得し、1857年からのインド大反乱を制圧することで、インドの直接支配を完成させた。ヴィクトリア女王は、インド帝国の皇帝にも即位。彼女の時代、イギリスの海外支配領土は10倍にも増大した。

一方、ドイツ皇帝はイギリスに嫉妬するかのように、「大帝国」を目指す。1888年、ドイツ帝国の初代皇帝ヴィルヘルム1世ののち、彼の孫ヴィルヘルム2世が即位する。29歳と若い彼は、ドイツを超大国化しようと「世界政策」をはじめた。彼は、ヴィルヘルム1世の重用したビスマルクを罷免、ビスマルク式の協調外交を捨て、力による独自の外交を展開するようにもなる。彼は、無敵のイギリス海軍に対抗して、「大海艦隊」の創設にも乗り出す。それは、ドイツに対するイギリスの敵愾心《てきがいしん》を煽るものでもあった。

20世紀を迎えたとき、イギリスは繁栄をつづけ、ドイツがイギリスを追走しはじめていた。イギリス王家、ドイツの皇帝家は繁栄の絶頂にあったが、この時代、世界の文明国には革命思想が強く浸透をはじめていた。革命思想の最大の敵は、皇帝や王たちである。革命思想は、強い憎悪を伴いがちだ。皇帝や王たちは、革命思想によって、住人からこれまでにない憎悪、敵意にもさらされるようになる。いかに繁栄を遂げた王家でも、憎悪の塊である革命思想の前にはいかに脆いか、それはやがて明らかになる。皇帝家、王家の黄昏は、じつはすぐそこに迫っていたのだ。

エピローグ

# 2つの世界大戦によって、ヨーロッパから皇帝、王が消えていった

## 第1次世界大戦によって消えた3人の皇帝たち

1914年、ヨーロッパでは第1次世界大戦が勃発する。第1次大戦が終わったとき、ドイツ、オーストリア、ロシアから皇帝が消え去っていた。ただ、戦争がはじまったとき、誰がそんな事態を予測できたか。

第1次大戦は、おもにイギリス・フランス・ロシア・イタリア対ドイツ・オーストリアの戦いであった。第1次大戦勃発時、どの国も短期決戦を想定、戦争の長期化はありえないものと考えていた。

そればかりか、イギリス国王（ジョージ5世）、ドイツ皇帝（ヴィルヘルム2世）、ロシ

ア皇帝（ニコライ2世）が連携するなら、戦争の勃発、あるいは長期化を食い止められたかもしれない。彼らは親戚同士だったからだ（200〜201ページ）。

イギリスのハノーヴァー家のヴィクトリア女王を起点に見るなら、イギリスのジョージ5世、ロシア・ロマノフ家のニコライ2世、ドイツ・ホーエンツォレルン家のヴィルヘルム2世はそれぞれ孫か孫娘の婿に当たる。つまり、彼ら3人は親戚同然であり、彼らが談合するなら、戦争を食い止められたかもしれない。

けれども、彼らは「国民のための王」として、国益を優先させた。その先にあるのが、戦争の想定外の長期化であり、かつてない規模の人命の喪失であった。

第1次世界大戦は、国民すべてを動員した総力戦となった。多くの若者の命が奪われ、国民の食生活事情は悪化していた。でありながら、皇帝、国王は何も獲得できないばかりか、戦争を終わらせることもできなかった。

戦争に倦《う》んだ国内では、革命勢力が頭をもたげはじめていた。とりわけ、勝利が絶望的となった国での革命思想の盛り上がりは、強烈であった。皇帝、王は、住人からも賛同を得られなくなってきた。

まず沈んだのが、ロシア皇帝ニコライ2世である。戦局を好転できなかったニコライ2

世は見限られ、1917年の二月革命によって皇帝を退位させられている。以後、ロシアではロマノフ朝が復活することはなく、1918年7月、皇帝一家はレーニン率いるボリシェヴィキ（「多数派」を意味する左派一派）政権によって銃殺されている。

1918年11月、オーストリアは降伏する。すでにフランツ・ヨーゼフ1世はなく、ハプスブルク家は終焉したも同然となっていた。皇帝にはカール1世があったが、彼は皇帝として無力であり、降伏後、スイスに亡命している。

同じ11月、ドイツのキール軍港では水兵たちが反乱。反乱は革命騒動となって、全土に波及する。社会民主党のエーベルト政権が誕生すると、帝政の廃止を宣言、皇帝ヴィルヘルム2世は踏みとどまることなく、オランダへと亡命してしまった。ドイツは、連合国に降伏する。ヨーロッパからまたたくまに3人の皇帝が消えたうえ、ドイツ国内にあった諸君主も退位していた。

一方、戦勝国イギリス、イタリアの国王は残った。そこには、イギリス国王ジョージ5世の「国民の王」として尽力があった。ジョージ5世は前線で兵士たちの激励に努めたのみならず、王朝名サクス＝コバーグ＝ゴータ（ゼクセン＝コーブルク＝ゴータ）朝の名をウィンザー朝と改めている。サクス＝コバーグ＝ゴータ朝の名は敵国ドイツに由来するものであり、ジョージ5世はドイツと戦う王であることを国民に示すため、王宮のあるウィンザー城の名を借り、新たな王朝名としたのだ。

ジョージ5世から薫陶を受けていたのが、日本の昭和天皇である。昭和天皇は、皇太子時代に、ヨーロッパを訪問し、イギリスではジョージ5世夫妻に温かく迎え入れられている。ジョージ5世は、「王は君臨すれども統治せず」とのあり方を若き昭和天皇に教え、昭和天皇はこれを血肉化もしていた。第2次世界大戦の敗北という衝撃下、昭和天皇が国民の統合者でありつづけられたのは、ジョージ5世の教えもあったからだろう。

またジョージ5世には、サクス＝コブール＝ゴータ家のベルギー王家も倣った。ベルギーは大戦中、ドイツに占領され、戦後も反ドイツ感情が残った。そこで、ベルギー王家もサクス＝コブール＝ゴータの名を捨て、ベルジック家と名乗るようになった。

## 皇帝なき後、なぜ「恐怖の独裁者たち」の時代となったのか？

第1次世界大戦ののち、ヨーロッパを襲っていたのは、激烈なアノミーである。皇帝を失ったロシア、ドイツではそれが強烈であり、社会は融解していた。

そこからかつてのフランス革命のアノミー下で皇帝ナポレオンが登場したように、強い独裁者が望まれ、誕生した。ロシアでは内戦を経てボリシェヴィキのレーニンが独裁者となる。レーニンの死後、スターリンがレーニン以上に強大な権力を握り、各地に強制収容所を建設、ロシアを監視国家に変えた。ドイツでは、ナチス・ドイツを率いるヒトラーが登場、ヒトラーは総統としてナチス・ドイツの一党独裁体制を固めた。ナチス・ドイツがオーストリア併合に動いたとき、オーストリアがヒトラーを好意的に迎え入れたのも、敗戦国オーストリアもまたアノミーにさらされていたからだ。

第1次世界大戦の戦勝国であるイタリアも、アノミーを経験し、ファシスト党のムッソリーニが全権を掌握していた。イタリアは戦勝国でありながら、戦勝の恩恵にさほどあずかることなく、多くの血を差し出していた国民を憤激させていた。そうしたなか、イタリアでは革命勢力が台頭、これに対抗するようにムッソリーニも勢力を伸ばし、ファシスト党の一党独裁を確立していた。イタリアの国王ヴィットーリオ・エマヌエーレ3世はこれを追認し、ムッソリーニの後ろ楯ともなっていた。

ただ、ヒトラー、スターリン、ムッソリーニは新たな皇帝や王にはなれなかった。ヒトラー、ムッソリーニの場合、第2次世界大戦で破滅してしまったからだが、ムッソリーニの場合、サヴォイア王家があるかぎり、王にはなれるはずはなかった。ヒトラーの場合、妻子がなかったも同然だから、彼にはヒトラー王朝を築く土台がなかった。そこはスターリンも同じで、彼は長男を失い、スターリン王朝の後継者がいなかった。

第2次世界大戦にイタリアは敗れ、ムッソリーニは処刑された。ムッソリーニを認めてきたヴィットーリオ・エマヌエーレ3世は、これを問われて退位するほかなかった。代わって新たにウンベルト2世が即位したが、国民から拒絶された。イタリアのサヴォイア王家も、ここに消滅してしまった。

## 現在に残るヨーロッパ10王家の系譜とこれから

ヨーロッパの王家のかなりは、20世紀の2つの世界大戦を経て、消滅してしまった。それでも、ヨーロッパにはいまだ王家（公家）のある国が残されている。

イギリス、デンマーク、ノルウェー、スウェーデン、ベルギー、オランダ、スペイン、ルクセンブルク、リヒテンシュタイン、モナコの10カ国である。このうち、ノルマン人の建国系統としてあるのは、イギリス、デンマーク、ノルウェー、スウェーデンだ。フランスに発するブルボン家があるのは、スペインとルクセンブルクとなる。

ただ、この先、10の王家が存続していく保証はどこにもない。人口5000万人規模以上の「大国」で王家が存立しているのはイギリス、スペインのみであり、あとの国では人口が少ないゆえに、王家でまとまっているといったところだ。スペインでは王家の信望がぐらついているし、ベルギーやオランダとて安泰ではない。

ヨーロッパの王家の場合、いまやたんに王としてあるだけではすまされなくなっている。「国民の王」としていかに愛され、畏敬されるかが、王家の存続にかかっている。

それをよく知っているのが、イギリスのエリザベス2世ではないか。1952年にはじまる彼女の時代、イギリスは「大英帝国」の地位から降り、経済苦境に苦しみ、国際的な地位を低下させた。それでもイギリスが踏みとどまり、サッチャー首相の改革以降、回復を遂げてきたのも、エリザベス女王が国民の中心にあったからだろう。

しかしながら、エリザベス2世のような国王、女王が、今後も登場しつづける保証はない。民主主義がつねに試されるのと同様、王家も試されつづけることになろう。

## 参考文献

『ヨーロッパII　中世』ノーマン・デイヴィス（共同通信社）／『世界各国史　イギリス史11』川北稔編（山川出版社）／『世界各国史12　フランス史』福井憲彦編（山川出版社）／『世界各国史15　イタリア史』北原敦編（山川出版社）／『世界各国史22　ロシア史』和田春樹編（山川出版社）／『世界各国史13　ドイツ史』木村靖二編（山川出版社）／『世界各国史20　ポーランド・ウクライナ・バルト史』伊東孝之・井内敏夫・中井和夫編（山川出版社）／『世界各国史21　北欧史』百瀬宏・熊野聰・村井誠人編（山川出版社）／『世界史の鏡　国歌7　神聖ローマ帝国』池谷文夫（刀水書房）／『ローマ教皇事典』マシュー・バンソン（三交社）／『ローマ教皇歴代誌』P・G・マックスウェル-スチュアート（創元社）／『ルネサンスの歴史（上）（下）』I・モンタネッリ、R・ジェルヴァーゾ（中央公論新社）／『東欧の歴史』アンリ・ボクダン（中央公論新社）／『物語　スウェーデン史』武田龍夫（新評論）／『ハプスブルク家の皇帝たち』アンドリュー・ウィートクロフツ（文理閣）／『ハプスブルク家』江村洋（講談社）／『ブルゴーニュ家』堀越孝一（講談社）／『ヴィジュアル版　スペイン王家の歴史』マリア・ピラール・ケラルト・デル・イエロ（原書房）／『メディチ家』森田義之（講談社）／『100問100答　世界の歴史』歴史教育者協議会編（河出書房新社）／『殺戮の世界史』マシュー・ホワイト（早川書房）／『ダークヒストリー4　ローマ教皇史』ブレンダ・ラルフ・ルイス著、樺山紘一監修（原書房）／『教皇庁の闇の奥』ピーター・デ・ローザ（リブロポート）／『ローマ教皇事典』マシュー・バンソン（三交社）／『図説プロイセンの歴史』セバスチァン・ハフナー（東洋書林）／『神聖ローマ帝国』菊池良生（講談社）／『カペー朝　フランス王朝史1』佐藤賢一（講談社）／『ヴァロワ朝　フランス王朝史2』佐藤賢一（講談社）／『ブルボン朝　フランス王朝史3』佐藤賢一（講談社）／『情念戦争』鹿島茂（集英社インターナショナル）／『怪帝ナポレオン3世』鹿島茂（集英社インターナショナル）／『「王室」で読み解く世界史』宇山卓栄（日本実業出版社）／『世界の王室うんちく大全』八幡和郎（平凡社）／『魔女とカルトのドイツ史』浜本隆志（講談社）／『戦場の中世史』アルド・A・セッティア（八坂書房）／『フランス革命の代償』ルネ・セディヨ（草思社）／『異説　歴史事典』ゲールハルト・プラウゼ（紀伊國屋書店）／『ロレンツォ・メディチ暗殺』マルチェロ・シモネッタ（早川書房）／『世界歴史体系　イギリス史1　先史～中世』青山吉信編（山川出版社）／『世界歴史体系　イギリス史2　近世』今井宏編（山川出版社）／『世界歴史体系　イギリス史3　近現代』村岡健次・木畑洋一編（山川出版社）／『ダークヒストリー　図説　イギリス王室史』ブレンダ・ラルフホルイス（原書房）／『イギリス王室1000年の歴史』指昭博監修（カンゼン）／『ロンドン歴史図鑑』キャシー・ロス+ジョン・クラーク（原書房）／『興亡の世界史13　近代ヨーロッパの覇権』福井憲彦（講談社）／『興亡の世界史14　ロシア・ロマノフ王朝の大地』土肥恒之（講談社）／『世界の歴史11　ビザンツとスラヴ』井上浩一、栗生沢猛夫（中央公論新社）／『世界の歴史16　ルネサンスと地中海』樺山紘一（中央公論新社）／『世界の歴史17　ヨーロッパ近世の開花』長谷川輝夫、大久保桂子、土肥恒之（中央公論新社）／『世界の歴史22　近代ヨーロッパの情熱と苦悩』谷川稔、北原敦、鈴木健夫、村岡健次（中央公論新社）／『世界の歴史28　第二次世界大戦から米ソ対立へ』油井大三郎・古田元夫（中央公論新社）／『世界の歴史29　冷戦と経済繁栄』猪木武徳・高橋進（中央公論新社）／『世界の歴史30　新世紀の世界と日本』下斗米伸夫・北岡伸一（中央公論新社）／『世界の歴史9　ヨーロッパ中世』鯖田豊之（河出書房新社）／『世界の歴史12　ルネサンス』会田雄次他（河出書房新社）／『世界の歴史13　絶対君主の時代』今井宏（河出書房新社）／『世界の歴史15　フランス革命』河野健二他（河出書房新社）／『世界の歴史16　ヨーロッパの栄光』岩間徹（河出書房新社）／『世界の歴史21　帝国主義の開幕』中山治一（河出書房新社）／『世界の歴史22　ロシア革命』松田道雄（河出書房新社）／『世界の歴史23　第二次世界大戦』上山春平他（河出書房新社）／『地中海（I）（II）（III）（IV）（V）』フェルナン・ブローデル（藤原書店）／『路地裏の大英帝国』角山栄・川北稔編（平凡社）／『帝国の落日（上）（下）』ジャン・モリス（講談社）／『暮らしのイギリス史』ルーシー・ワースリー（NTT出版）／『ヴィクトリア朝英国人の日常生活（上）（下）』ルース・グッドマン（原書房）／『大英帝国の〈死の商人〉』横井勝彦（講談社）／『賭けとイギリス人』（筑摩書房）／『北の十字軍』山内進（講談社）／『ドイツ現代史の正しい味方』ハモスチャン・ハフナー（草思社）／『「民族」で読み解く世界史』宇山卓栄（日本実業出版社）／『イスラームから見た「世界史」』タミム・アンサーリー（紀伊國屋書店）／『スコットランドを知るための65章』木村正俊編著（明石書店）／『クロムウェルとピューリタン革命』今井宏（清水書院）／『王冠のないイギリス王　オリバー・クロムウェル―ピューリタン革命史』清水雅夫（リーベル出版）／『憎悪の世紀（上）（下）』ニーアル・ファーガソン（早川書房）／『民族浄化のヨーロッパ史』ノーマン・M・ナイマーク（刀水書房）／『大量虐殺の社会史』松村高夫・矢野久編著（ミネルヴァ書房）／『人口で語る世界史』ポール・モーランド（文藝春秋）／『ノルマン騎士の地中海興亡史』山辺規子（白水社）／『20世紀の戦争』三野正洋・田岡俊次・深川孝行（朝日ソノラマ）

# 青春新書
INTELLIGENCE

こころ涌き立つ「知」の冒険

## いまを生きる

〝青春新書〟は昭和三一年に——若い日に常にあなたの心の友として、その糧となり実になる多様な知恵が、生きる指標として勇気と力になり、すぐに役立つ——をモットーに創刊された。

そして昭和三八年、新しい時代の気運の中で、新書〝プレイブックス〟にその役目のバトンを渡した。「人生を自由自在に活動《プレイ》する」のキャッチコピーのもと——すべてのうっ積を吹きとばし、自由闊達な活動力を培養し、勇気と自信を生み出す最も楽しいシリーズ——となった。

いまや、私たちはバブル経済崩壊後の混沌とした価値観のただ中にいる。その価値観は常に未曾有の変貌を見せ、社会は少子高齢化し、地球規模の環境問題等は解決の兆しを見せない。私たちはあらゆる不安と懐疑に対峙している。

本シリーズ〝青春新書インテリジェンス〟はまさに、この時代の欲求によってプレイブックスから分化・刊行された。それは即ち、「心の中に自らの青春の輝きを失わない旺盛な知力、活力への欲求」に他ならない。応えるべきキャッチコピーは「こころ涌き立つ〝知〟の冒険」である。

予測のつかない時代にあって、一人ひとりの足元を照らし出すシリーズでありたいと願う。青春出版社は本年創業五〇周年を迎えた。これはひとえに長年に亘る多くの読者の熱いご支持の賜物である。社員一同深く感謝し、より一層世の中に希望と勇気の明るい光を放つ書籍を出版すべく、鋭意志すものである。

平成一七年　　刊行者　小澤源太郎

著者紹介
内藤博文〈ないとう ひろふみ〉
1961年生まれ。大学卒業後、出版社勤務を経て、現在はおもに歴史ライターとして活躍中。西洋史から東アジア史、芸術、宗教まで幅広い分野に通暁し、精力的な執筆活動を展開。同時に、オピニオン誌への寄稿など、さまざまな情報発信も意欲的に行っている。
著書に、『地政学で読む近現代史』『きちんと理解する イギリスの歴史』『キリスト教から読みとける世界史』(いずれも河出書房新社)などがある。

「ヨーロッパ王室《おうしつ》」
から見《み》た世界史《せかいし》

青春新書
INTELLIGENCE

2021年10月15日　第１刷

著　者　内《ない》藤《とう》博《ひろ》文《ふみ》

発行者　小澤源太郎

責任編集　株式会社プライム涌光
電話　編集部　03(3203)2850

発行所　東京都新宿区若松町12番１号 〒162-0056　株式会社青春出版社
電話　営業部　03(3207)1916　振替番号　00190-7-98602

印刷・中央精版印刷　製本・ナショナル製本

ISBN978-4-413-04633-6

こころ涌き立つ「知」の冒険！

# 青春新書 INTELLIGENCE

|  |  |  |
|---|---|---|
| 人生は「2周目」からがおもしろい | 齋藤 孝 | PI·578 |
| 発達障害は食事でよくなる 腸から脳を整える最新栄養医学 | 溝口 徹 | PI·579 |
| 勝つために9割捨てる仕事術 元日本テレビ敏腕プロデューサーが明かす | 村上和彦 | PI·580 |
| 定点写真でめぐる東京と日本の町並み | 二村高史 | PI·581 |
| 図説 地図とあらすじでわかる！釈迦の生涯と日本の仏教 | 瓜生 中［監修］ | PI·582 |
| 転職の「やってはいけない」 自分を活かす会社の見つけ方、入り方 | 郡山史郎 | PI·583 |
| 野球と人生 最後に笑う「努力」の極意 | 野村克也 | PI·584 |
| 武道と日本人 世界に広がる身心鍛練の道 | 魚住孝至 | PI·585 |
| 「親の介護・認知症」でやってはいけない相続 | 税理士法人レガシィ | PI·586 |
| 英会話 その〝直訳〟はネイティブを困らせます | デイビッド・セイン | PI·587 |
| 中高年がひきこもる理由 臨床から生まれた回復へのプロセス | 桝田智彦 | PI·588 |
| 50代からの人生戦略 いまある武器をどう生かすか | 佐藤 優 | PI·589 |
| すぐ怠ける脳の動かし方 | 菅原道仁 | PI·590 |
| 図解ハンディ版 腸を温める食べ物・食べ方 | 松生恒夫 | PI·591 |
| 英会話 ネイティブの1行フレーズ2500 これ一冊で日常生活まるごとOK！ | デイビッド・セイン | PI·592 |
| 頭のいい副業術 50代から自分を生かす | 中山マコト | PI·593 |
| 大阪の逆襲 万博・IRで見えてくる5年後の日本 | 石川智久 多賀谷克彦 関西近未来研究会 | PI·594 |
| 医者も親も気づかない女子の発達障害 | 岩波 明 | PI·595 |
| 50代 後悔しない働き方 「勝ち逃げできない世代」の新常識 | 大塚 寿 | PI·596 |
| 学校の先生も答えられない「英語のなぜ？」がわかる図鑑 | 伏木賢一［監修］ | PI·597 |
| 福沢諭吉と渋沢栄一 学問と実業、対極の二人がリードした新しい日本 | 城島明彦 | PI·598 |
| 繰り返す日本史 二千年を貫く五つの法則 | 河合 敦 | PI·599 |
| あなたの職場の繊細くんと残念な上司 | 渡部 卓 | PI·600 |
| 何のために本を読むのか | 齋藤 孝 | PI·601 |

こころ涌き立つ「知」の冒険！

# 青春新書 INTELLIGENCE